# コミュ障　動物性を失った人類

## 正しく理解し能力を引き出す

正高信男　著

ブルーバックス

カバー装幀／芦澤泰偉・児崎雅淑
カバー絵／榎本俊二
本文図版／朝日メディアインターナショナル

# はじめに——コミュ障の人は誤解されている

コミュ障の人は、他人の気持ちを理解する能力に欠けているとか、コミュ障の人は社会性に乏しいとよくいわれる。しかしそういう通説は、じつは誤解ですよというのが本書のメッセージの一つである。その上で、どうしてコミュ障の人が生まれるのかを考えるのがねらいである。

ところで、コミュ障とは、言わずと知れたコミュニケーション障害を略した表現にほかならない。ただし省略形といっても、ただ単に文字数を節約しただけではない。むしろ「コミュ障」という単語自体で、独立した意味を指し示す表現でもあると私は考えている。

というのも、そもそもコミュニケーション障害というような障害が、世の中に存在するかどうかがまだよくわかっていないからである。

なるほど、知的障害というのなら、はっきりと診断可能である。知能テストによって計測される知能指数（IQ）の値が判断基準となるからだ。言語障害も同様だ。視覚障害、聴覚障害もしかり。視覚障害、聴覚障害もそれぞれ視覚、聴覚にかかわる感覚系の機能不全と原因がはっきりしている。

しかしコミュニケーションに障害があるといっても、いったいどのようにしてそれを測ったらいいのか、はなはだ心もとない。そもそもどういうコミュニケーションが適切なもので、どういうものが不適切なのか？

それにもかかわらず、「あの人はコミュニケーションの能力に若干問題があるのではないか」とか、「自分は他人より意思疎通をはかるのが劣るのではないか」といったふうなことを近年、耳にすることが多いのが現実だ。そういう人をコミュニケーションの技能に何がしかの問題をかかえた人、として総称しよう。そのレッテルが「コミュ障の人」というわけである。

具体的には、どういう人々を指すのか。

世の中では、他人と会話すること自体に苦労する人々を指していうことが多いかもしれないが、ここではもっと範囲を広げている。たとえば、自分の主張を一方的にまくしたてるものの、周囲の発言にはまったくといっていいほど聞く耳を持たない。周囲の雰囲気を察することもなく、まったくマイペース（いわゆる空気が読めない輩、ひと昔前にKYといわれた人々）。他人に対しては、気持ちを察することなく歯に衣《きぬ》きせずに思うことをズケズケいうくせに、少しでも自分に都合の悪いことをいわれると、すぐにキレる人。すごく思い込みが激しく、他人のいうことにまったく関心を示さない人。もうおわかりだろう、みなさんの周りにも一人や二人、思い当たる人は必ずいるはずだ。

いわゆる「お騒がせ」といわれ、本当に「困ったちゃん」とレッテルを貼られる人々もコミュ障に含まれる。

含めた上で本当は、そういうコミュ障の人は誤解されているのですよ、ということを示すことが本書の目的の一つである。誤解の果てに、ひきこもってしまう人々すら少なくない。また、「私自身そうだ」という人もおられるかもしれない。事実、自分がコミュ障であることに悩む人が増えている、という話も耳にするようになってきた。では、どう誤解されているのか?

コミュ障の人は、社会性が劣っている。社会性は人間が社会を営む上で、不可欠の資質である。その資質が劣るのだから、彼ら彼女らは人間性について、そうでない人より欠ける点があると思っていないだろうか。

じつは、そうではない、むしろコミュ障の人間こそが、他の動物より進化した人間として、もっとも人間的な存在であるかもしれないということも、この本には書かれている。

## コミュ障を極めるとは

歴史を振り返ったとき、人類は文明とか技術を発達させ、他の生物にはない卓越した人工的な生活を送れる今日の形にまでした。その推進力の役割を果たしたのはコミュ障の人であったのかもしれないのである。

それにもかかわらず昨今は、コミュ障の人が世の中のやっかい者のごとく、周囲から白眼視されているのは、たいへん不幸なことといわざるを得ない。さらに場合によってはその状況が、ひきこもる人を生む土壌と化している。とするならば、それは当人にとって不幸なだけでなく、社会全体が不利益を被っていることにもなる。ではどうしてこのような状態に陥ってしまったのかというと、それはコミュ障の人がなまじ中途半端に周囲に「迎合」しようとするからである。そしてＩＴ化によって社会のコミュニケーションの偏重の程度に拍車がかかっているからだと、考えられる。

本当はコミュ障の人は、周囲に引きずられてはいけないのだ。コミュ障を極めることによってのみ、コミュ障の人にとっての幸福は得られるのかもしれない。しかし、それがはなはだ困難な社会となってきている。

そこでコミュ障の人とその周囲の人々はどういうふうに生きればいいのか、そのヒントになることを本書の最終部分で記したつもりである。

最後までお読みいただきたい。

目次

## 第2章 注目がすべて

## 第3章 木を見て森を見ない

## 第4章　コミュ障とひきこもり

## 第5章　コミュ障の人とひきこもりの人のこれから

第1章

# 悪意のない欺き

## 困ったちゃんとしてのコミュ障

## STAP細胞事件はコミュ障の人が起こした？

とりあえず困ったちゃんとしてのコミュ障が起こしたと推測される、最近のトラブルから話を始めることにしよう。

例のSTAP細胞事件の中心人物が、まさにそれにあたる。もちろんコミュ障の人を、他人と会話するのに困難をおぼえる人と狭く定義してしまうと、そこからもれてしまうだろう。だが『ネイチャー』という世界的な学術雑誌に論文が掲載され、ノーベル賞受賞級と評されたものの幻に終わったとされる発見の主こそ、コミュ障の典型と私は思うのだ。記者会見で「STAP細胞はあります」と断言した女性である。

もっとも私自身、彼女に会ったことはない。関係者に知人は多いので、詳しい経緯は聞いている。それにもとづいた、あくまで推測の域にとどまる。けれども、この推測はかなり確度が高いと思う。

結論からいうと、いちばん最初の記者会見のあと、マスコミは彼女をリケジョと散々持ち上げたけれど、実のところ研究者としての彼女の技能はさほどのものではなかった。ただし、論文の発端となったSTAP現象を見出したといいだしたのは彼女に違いないし、周囲はそれを信じた。その信じ込ませ方に、卓越したものがあったのはまごうことのない真実である。なぜそれが可能であったのか？

彼女自身が、ＳＴＡＰ細胞の存在に露ほどの疑いもさしはさんでいなかったからである。つまり彼女の瞳が澄み切っていた。だから研究所の誰もが、彼女の報告を信じた。

でも彼女の本当の技能は、さほどのものではなく、ふつうならＳＴＡＰ現象を示唆する結果が得られても「私のような人間に可能な発見ではない」と報告を躊躇するところを、彼女はそういうためらいを感じることは微塵もなかった。

それどころか大発見だと認識した途端、信念の人と化し、その証明にいちずに向かった。いったんこうと思い込むと、それに対する否定的な情報は一切、眼中から消え去る。それこそコミュ障の人の特徴の一つである。

その情熱のひたむきささは魅惑的でさえある。だからこそ周囲は、まんまと引っかかったのであった。研究所の「ＳＴＡＰ細胞の存在は証明できない」という最終報告に際し、「困惑している」という旨の彼女のコメントが発表されたが、あれはまさにウソ偽りのない彼女の心情だろう。

彼女には最初から最後まで、誰かを偽るつもりなど一片たりともなかったのだと私は思っている。

## 現代のベートーベンはコミュ障ではない

その点、彼女とまったく対照的な人物が、例の現代のベートーベンといえるだろう。

彼は徹頭徹尾、周囲を騙す気満々の人物だった。騙すとは、作為的に偽りの情報を相手に提供し、それを信じてもらうことで物事を自分に有利に運ぶという意味だ。それを成就させるためには、相手の心情を冷静に推測することが求められる。彼は常に、自分がこういうふうに振る舞えば、向こうはこう反応するだろう。だからこういうふうに操作しようと、頭を使う人である。つまり、コミュニケーションの達人であって、コミュ障の人とは対極的な存在といえる。

STAP細胞事件の彼女にとって、騒ぎを大きくした要因は、彼女の「発見」を発表するにあたって強力なサポーターが現れたことにあった。いくら彼女が自分の発見に執着したところで、技量がないのではふつうは自然と立ち消えになってしまう。ところがプロデューサーが現れたのだ。

プロデューサーは彼女が見出したと信じているいくつかの断片（ピース）がうまくはめ込め

る壮大なジグソーパズルをデザインできる有能な人材であった。「こういうデータは得られないか」とか、「こういう図（写真）は用意できないか」と、テキパキと彼女に指示を出し始めた。

彼女はプロデューサーの構想のままに動く人となっていった。

客観的に見れば、彼女の技能はたいしたものではない。往々にしてプロデューサーの要求は、彼女のキャパを超えるものであった。しかし彼女はがんばったと思う。期待にこたえるべく、必死となった。自分でももう、何が何だかわからないくらいに努力したのだろう。そして論文は、ついに完成したのだ。

こういう過程を経ているものだから、なるほど完成した「成果物」の流れは、理路整然としているにもかかわらず、内実はつぎはぎだらけとなってしまった。少しつつけばボロが出てくる。

さらに不幸なことに、成果は「世紀の大発見」という反響を呼んでしまった。もしこれが、「世紀」でない程度の発見といえるほどのものであったならば、どこにでもころがっているエピソードなのだが……。

こうしてごくありきたりの若いコミュ障の人の妄想が、日本中を騒がせる事件に発展したのである。

## マスコミとのギャップ

たび重なる記者会見を観ていて、やじ馬として面白かったのは研究所サイドに近い人物ほど、マスコミの主張となかなかかみ合わない点であった。

とりわけマスコミは、「それでＳＴＡＰ細胞は存在するのですか」とくり返し尋ね、歯切れの悪い返答にイラ立ったのが、印象に残った。だが研究者にとってこの質問は土台、答えようのない類の問いであるのだけれども、当の尋ねる側はそのことにまったく思いいたらないらしい。

というのも、これについてはまたあとでふれるが、そもそも科学的な大発見というのはモンゴルの草原の中で、埋もれているジンギスカンの墓を掘り当てるようなものなのである。ジンギスカンが埋まっている可能性はゼロとはいえない。埋まっているかもしれないのだ。それを「ジンギスカンの墓はそもそもあるのですか」と問われても、あるかもしれないし、ないかもしれない。

コミュ障の彼女は、「見つけた！」と報告した。だが、周囲の人たちがよく調べたら、墓ではなかった。それゆえ研究所の彼女以外の人たちがマスコミに対して答えられるのは、「彼女が行った手法で探してみたところ、発見はできませんでした」という限定したものにとどまらざるを得ない。

だって、他の手法でアプローチしたらやはりSTAP細胞は見つかった、という将来の可能性は否定できないからである。それだから、「そもそもSTAP細胞は存在するのか」という問いには、歯切れが悪くなってしまっているのに、マスコミは自分たちの質問の粗さに気づかなかった。また回答する側も、そこを丹念に斟酌せずに終わってしまった。

そうして議論がくい違ったままで終結したものだから、結局マスコミは「今回の研究は膨大な研究費の浪費であり、税金のムダ遣いであった」と書く。

よく考えてほしい。

百発百中、探している対象を掘り当てる人間なんて、この世にいないのである。

科学的研究というのが失敗の連続であることを、ノーベル賞を取った山中伸弥教授もいつも口にしているように、当のマスコミはしばしば書いているはずである。失敗とはすなわち、マスコミのいう税金のムダ遣いにあたる。それをイチイチとがめていたら、もう研究という行為は成り立たなくなる。ところが、今回、マスコミはSTAP細胞を発見したと誤って判断したことを、激しく責め立てたのであった。

## コミュ障は「聞く耳持たず」

あげくのはてに一人の優秀な研究者が自死にいたるという悲劇的な結末を生んだのは、周知のことだろう。

くり返し書くが、こうした「大発見！」と思ったものの、よくよく調べたら誤認でしたというのは、科学研究の世界では日常茶飯事なのだ。

それを今回のように大騒ぎにしたのは、最初の発見者たる女性が（1）人並はずれて思い込みが強かったこと、そして（2）自分の成果を超一流学術誌に載せたいという一種のブランド志向が強かったこと、なおかつ世界中から注目されたいという願望に周囲もついつい同調してしまったことに起因する。

それでなかったら、割烹着を着て、ムーミンの絵の描かれたフリーザーを、たとえ本当に本人の好みであったのだとしても、マスコミに公開したりするはずがないだろう。

それこそ私の考える、コミュ障の人の、典型的な心理なのである。

ＳＴＡＰ細胞の騒動を引き起こした彼女と、現代のベートーベンたる彼についての、世の中の反応のトーンには、かなりの隔たりがあると感じたのは私だけではないだろう。端的に同じように周囲を欺いたのであったとしても、前者を擁護する人は後者より圧倒的に多かった。それは前者の彼女に、悪意の香りをかぎとることがなかなかむずかしかったからではないだろうか。

彼女には、周囲を意図して騙すつもりがなかったであろうという私の推測はすでに書いた。その代わりといっては何だが、彼女は、自分を欺くことに長けていたのだと私は思う。

自分を欺くとはどういうことかというと、いったん「こう」と思い込むと、その信念に矛盾する情報が入り込むことを一切、意識してシャットアウトしようとするわけではなくて、無意識にそうしていることを意味する。

無自覚に行うがゆえに、悪意はにおってこない。うさんくささがないゆえに、今回の騒動でも、周囲はすっかり彼女の報告を信じ込んだ。なまじ悪意のない、自分を欺くタイプの人間の方が周囲におよぼす被害は甚大であることがおわかりいただけるだろう。

これと信じたら、それに都合のよい情報だけが認識され、目標にひたむきに邁進する。周囲が何をいっても、まったく馬の耳に念仏。その上、自分が「正しい」と思うことをこちらに、グイグイ押しつけてくる。断ると怒る。かくしてコミュ障の人はトラブルメーカーにまつり上げられるのだ。

古くからいわれている「聞く耳持たず」とは、ある意味コミュ障の人の本質を突いた表現といっても過言ではないだろう。正確には、自分の信じることに矛盾する内容について、「聞く耳を持たない」ということになる。

## 「ウォーリーをさがせ」実験

コミュ障の人が、周囲のネガティブな反応に対する感受性を欠くのは、子どもの頃から見受けられる特徴であり、また高齢にいたるまで生涯を貫く特徴といえる。「三つ子の魂百まで」、いや「スズメ百まで踊り忘れず」の方が、お似合いというところだろうが。

大学院生とともに、九歳の子どもを対象に実験を行ったことがある。

その実験では、被験者になってもらう小学三年生の児童ひとりひとりに、コンピュータの前にすわってもらう。コンピュータの画面には図1－1の上あるいは下に示したような絵が一つずつ呈示される仕組みになっている。

二枚の絵をそれぞれ見ていただくとわかるように、どちらにも計一二個の人の顔らしき線画が描かれている。そのうち一一個はまったく同一のもので無表情だ。ところが残りの一個だけ

図1-1　視覚探索課題に用いた刺激の例。上では一個だけが怒り顔、下では一個だけが柔和な表情をしている。

は違う。何やら表情らしきものが認められる。しかも上と下とでは、その表情が異なっている。

上は、けわしい顔つき、下は柔和であることに同意しない人はまずいないだろう。上の絵に示された表情を怒り顔、下の方を笑い顔と定義することにする。これが本当に怒り顔、笑い顔といえるのかについては、異議を唱える向きもあるかもしれない。おことわりしておくが、便宜上の命名である。要は、上がネガティブ（否定的）な表情表出、下がポジティブ（肯定的）な表情表出ということと受け止めていただきたい。

さて、被験者の子どもに与えられた課題はというと、それぞれ一二個の顔の線画の中から、一個だけ存在する特定の表情を示すものを、できるだけ速く探し出す、というものなのである。そして、それに手で触ってくださいと指示する。

コンピュータの画面はタッチパネルになっている。つまり銀行やコンビニにあるATMと同じようなものだ。触れると直ちに、画面は消える。さらにコンピュータが、どれだけの時間で被験者が、特定の表情（怒り顔か笑い顔）の線画を探しあてたかを計測し記録する。

画面はいったん答えたあと、しばらくすると次の一二個の顔が描かれた図が登場する。今回も一個だけが怒り顔か笑い顔になっている。ただし、それが全体の中のどこに交じっているかは前回と異なる。こういうことをくり返し、九歳児が怒り顔と笑い顔を発見するにいたる反応時間を算出してみたのだった。

私は、「ウォーリーをさがせ」実験と呼んでいる。

## コミュ障の子どもは怒り顔を見つけるのが苦手

このようにセッティングを整えた上で、実験を二グループの学童で行ってみたのだった。

第一グループは、ごくふつうの小学三年生の児童、そして第二グループは、コミュ障の子どもと判断される児童である。両グループとも学業の成績はまったく変わらない。知能指数（IQ）の値にも、差がない。ただし後者のグループに含まれる子どもは、学校内でも校外でも子ども同士の付き合いに問題を抱えている。先生や保護者との意思疎通にも困難があり、それがもとで相談施設や診療施設を訪れ、定期的な面談を受けている児童にほかならない。

そういう子ども二〇名に実験への協力を求め、他方、学校や日常の生活に何の支障もない子どもを二四名、無作為に選んで双方で「ウォーリーをさがせ」実験を行って結果をまとめてみたところ、図1－2のようなグラフが得られたのだった。

まず、ふつうの子どもから読み取れるのは、怒り顔を見つける方が笑い顔を見つけるより、

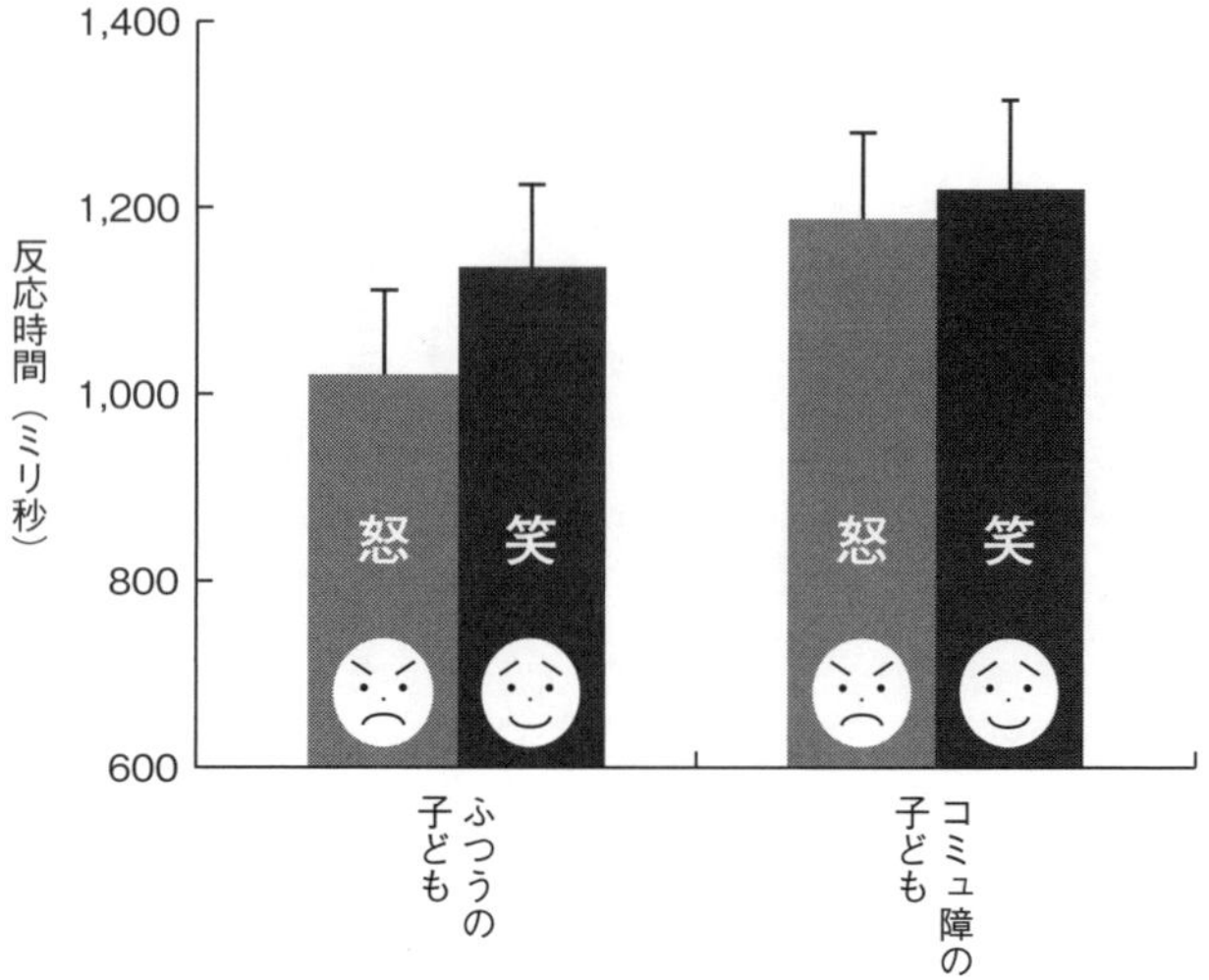


**図1-2　視覚探索課題の実験結果。ふつうの子どもは怒り顔に素早く反応するが、コミュ障の子どもは怒り顔と笑い顔の区別がつかないため、反応時間に差がない。**

要する時間が短いという事実であろう。後者を探し出すのには、一・一秒以上の時間を必要とするのに対し、前者ではおおむね一・〇秒程度しかかかっていないのだ。

他方、コミュ障の子どもについて見ると、笑い顔を見つけ出すのにかかる時間は、ふつうの子どもが要するのと大差ないことがわかる。ところが怒り顔を見つけるのにも、笑い顔の場合と同じくらいの時間を要している。

結果として、怒り顔を探し出すスピードは、ふつうの子どもの方がコミュ障の子どもよりも速いということになる。一方、笑い顔に関しては、二グループにそれほど差がない。つまりコミュ障の子どもは怒り顔の検出だけが不得手ということなのである。

## ○・一～○・二秒の違いの意味

たった○・一～○・二秒の差ではないか、という印象を持たれるかもしれない。しかし、この差は測定の誤差や偶然の産物ではなく、しかも、一般に想像される以上に、大きな意味を持ったものなのだ。

まず偶然にもたらされた数値のズレでないことを指摘しておこう。

明らかに、ふつうの子どもでは怒り顔を見つけ出す速度の方が、笑い顔を見つけ出すのよりも勝っている。これは統計学的に有意な差なのである。確率論的に計算してみると、ふつうの子どもが怒り顔と笑い顔を、まったく同じ難易度で見つけ出すことができるにもかかわらず、こういう実験結果がもたらされる確率は一万分の一程度であることが、わかる。つまり、一万回同じ実験を行ってみて、そのうち九九九九回は子どもが、怒り顔を笑い顔より、より速く探し出すことによって、このような結果はもたらされるのである。

逆に、ふつうの子どもが笑い顔を見つけ出す場合と、コミュ障の子どもが怒り顔か笑い顔を見つけ出す難易度には、そのような差は生じない。

では、どうして、ふつうの子どもは怒り顔を速く見つけ出すのかというと、そこには厳然とした理由が考えられる。つまり、身の危険が迫っている可能性が高いから、ということになる。周囲に怒った人物がいることは、自分にとって脅威になるからにほかならない。ひょっとすると危害を加えられるかもしれない。だからこそ、そういう事態には、身体が迅速に反応するのだと、考えられる。

ちなみに、同じ実験を成人で行ってみても、やはり同様の結果が得られることが明らかになってきている。今回、九歳児での実験の知見をあえて紹介したのには、小学生の頃にもうすでに、成人並みに表情の違いに敏感に反応できることを示す意図がある。

また、これよりも幼い子どもでは、課題をどう行うべきかの教示が理解されにくいので、なかなか安定した成績を得るのに苦労するのだけれど、やはり同じ傾向が存在することがわかりつつある。

つまり、こうした感受性は人間にとってほとんど生まれながらに備わった特性であり、それは人間が動物である以上、生存の可能性を高く保つためには今日なお、身にふりかかる危険には敏感でなければならないということだ。いわば生存本能のようなものが、身体に賦与されているからだと推測されるのだ。

その証拠に、成人でも子どもでもそうなのだが、実験後に「怒り顔と笑い顔のどちらの方が見つけるのが易しかったか」と尋ねても、とくに「怒り顔の方が楽」といった回答は返ってこない。つまりこの反応は意識に上ることなく行われている。つまり、人間の身体反応であることが、うかがえる。

このように考えてくると、コミュ障の子どもでは、怒り顔を笑い顔と同じ程度にしか見つけ出すことができないことへの理解についての認識を、少し深めていただけるのではないかと思う。

## 本能としてのヘビへの恐怖

ここで紹介したように、たくさんの新顔が同時に呈示され、そのうちの一つだけが他と異なっていて、それを見つけてもらうよう教示する実験は「視覚探索課題」という名称で心理学の世界ではよく知られているものである。それゆえ、どういう刺激を見せるかによって視覚探索課題による実験は無数に行うことができる一方、今回のように類似した刺激（つまり怒り顔と笑い顔）で、検出速度に明瞭な差異が生ずるケースはそうざらにあるものではない。例外的な部類に属するものといっても過言ではなく、ほかに類似した結果としては唯一、ヘビと花の写真を用いた場合に同様の現象が起きることが知られている。

たとえば、九枚の写真を同時に呈示してみる。そのうち八枚は、ヘビの写真あるいは花の写真である。残り一枚が、花ないしヘビの写真。そこで他の八枚と異なる一枚を見つけ出すよう求める。すると、花の写真のなかからヘビの写真を探しだすときの方が、反対にヘビの写真のなかから花の写真を見つける場合よりも、速度が速くなる。

もうおわかりかもしれない。この場合も、どうしてヘビの写真を探し出す方が難易度が下がるか（速く見つけられるか）というと、この生き物の存在が動物としての人間にとって脅威に映るから、としか考えようがないのである。

ヘビは人間にとって異種でもあり、怒り顔は同種の存在であるという表出の違いはあるものの、身に危険がふりかかる可能性がある、という点では共通している。だから、そういう対象に感受性を鋭くすることは、適応的な対処といえる。

ところがコミュ障の人は、そうした自身が生きていく上で不利になることが予期される条件が迫ってきても、頓着しない側面を持つ。こう考えると、先の実験の〇・一～〇・二秒の違いの持つ意味合いはあながちささいな数値の差でないことが明らかだろう。

## 二つの情報処理回路

どうしてヘビと同じく、怒り顔の表情は素早く認識されるのか？

対象物の認識が当事者の生死にかかわるものだから。これは一つの回答であるものの、それはこういう認識の仕方が「どうして進化したか」という観点からの問いに対する答えであって、他にも回答の仕方は存在する。

具体的に、私たちのからだの中の、どういうメカニズムで素早く処理されるのかというふうに置き換えることだって可能なはずだ。そして、その問いへの答えとなる事実もつまびらかにされてきている。

それを図示したのが、図1－3である。他者の感情を認識する機能を果たしている脳領域は、扁桃体と呼ばれているが、要は、怒り顔と笑い顔では眼から入ったのちの情報の処理回路がそこまでの間で異なるのである。怒り顔の情報が処理される回路が、太い矢印、笑い顔の回路が細い矢印で示されている。

いろいろ耳慣れない脳の部位の名称が並んでいると思われたかもしれない。名前は、どうで

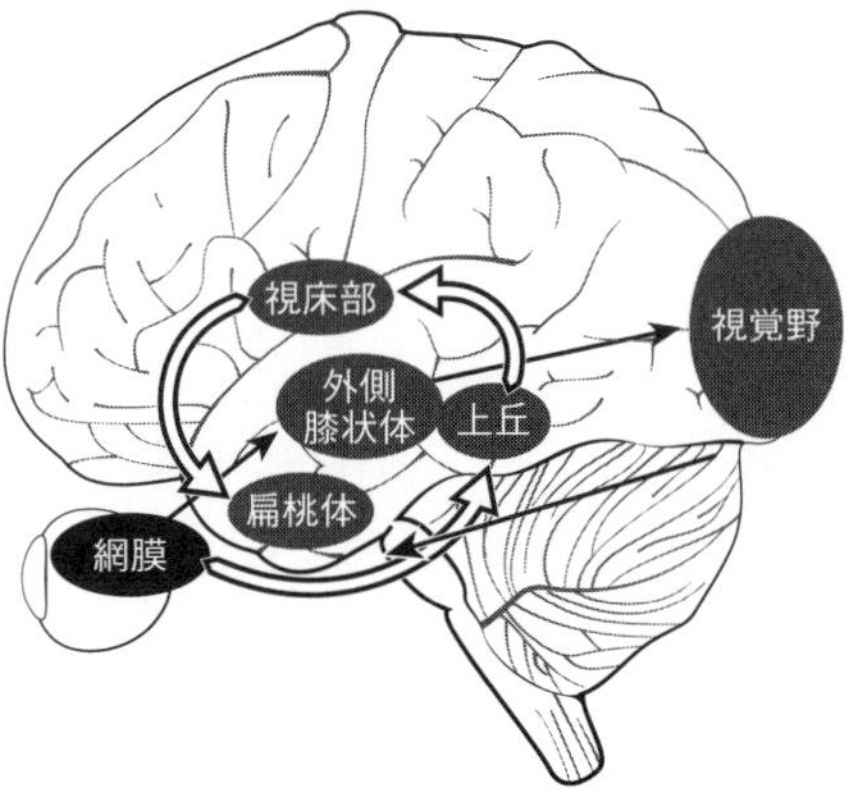


**図1-3　怒り顔と笑い顔の情報処理の経路の違い。太い矢印は怒り顔が情報処理される回路、細い矢印は笑い顔の場合の情報処理回路を表す。眼から入った怒り顔の情報は、上丘→視床部→扁桃体という脳の奥にある組織を経由する（皮質下回路）。一方、笑い顔の場合は外側膝状体→視覚野→扁桃体と、脳の表層を経由（皮質回路）し、皮質下回路に比べ処理に時間がかかる。**

もいい。大事なのは、怒り顔が入っていく脳の部位である上丘、視床部というのはいずれも脳の非常に奥に存在する組織であるということ。一方、笑い顔が入っていく外側膝状体と視覚野は脳の表層の組織だという事実を理解していただきたい。最終的に到達する部位は、同じ扁桃体という所なのだけれども経由する箇所が異なるのだ。

そして脳の表層の情報の処理には、奥での処理と比べて時間がかかる。加えて脳の奥の組織というのは系統発生の段階において、歴史の古い箇所であるのに対し、表層は動物の中でも霊長類が誕生し分岐したのちに、進化した箇所である。

この表層の情報処理系は皮質回路という名で呼ばれることが多い。他方、奥にある処理系は皮質下回路という。

## 怒り顔と笑い顔は異なる回路で処理される

動物の進化の過程で脳という器官は、歴史を経るにしたがって外側（つまり表層）へ外側へと、新しい組織を発達させてきた。おそらく、吹きガラスの作業を想い浮かべていただくといいだろう。例のガラスに管で息を吹き込んで先端をふくらませ、それによって工芸品を仕上げていく、あれである。

だから、もっとも最近に進化した人間を含む霊長類でやっと完成されたのが、脳のいわばもっとも外側の組織、つまり皮質にあたるのだ。畢竟《ひっきょう》、人間を含めた霊長類を他の動物から際立たせている能力を支配する脳領域が、皮質にほかならない。そして人間を含めた霊長類を、その進化以前の動物群すなわち他の哺乳類から際立たせている能力の一つには、視覚も含まれるのである。

というのも、そもそも霊長類以外の哺乳動物のほとんどは夜行性なのだ。視覚を発達させたところで、どうしようもない環境で生活を送っている。むしろ嗅覚を発達させていた。サルになってはじめて、私たちの祖先は白昼に活動しだした。また立体視ができるようになり、さらに解像度が飛躍的に上昇を遂げた。それこそ、外側膝状体と視覚野の役割に対応している。

だから笑い顔の処理にも、この回路が用いられているのは、ある意味で当然のことなのである。むしろ驚くべきは、怒り顔の処理の方かもしれない。だって視覚野を使わないのに、それと認識されるのだから。

けれども、私たちは視覚野を介さなくてもある程度なら、対象物を視覚的に捕捉することが可能なのである。だってそうでないと皮質の未発達な霊長類以外の哺乳動物は、どのようにして物を見つけるのか、ということになってくるだろう。

ということはひるがえって、怒り顔の場合、人間は対象を他の哺乳動物の様式で認識しているという事実を提示している。それは奥行の認知もあいまいで、解像度の粗いものだ。けれどよく考えると、身の危険にかかわる対象なら粗くてもいいから、ともかく迅速に情報が処理されることが何より先決であるし、かつこういう認識はいくら視覚の発達が未分化だった霊長類以前の段階の哺乳動物でも、生存上求められる能力だったということは納得させられる話だ。

ヘビについての認識にも皮質下回路が用いられるという事実は、すでに書いたとおりである。ヘビが脅威であるのは霊長類ばかりでなく、哺乳動物全般に共通している。つまり、この回路が歴史的にたいへん古いことがうかがえる。

そして視覚野が皮質に誕生したのちの人間においても、この古い回路は生きている。しかも仲間の表情認識のなかでも、自らの脅威となるものを理解するためには、今も使われている。これが、ふつうの子どもでは、怒り顔が笑い顔よりわずかではあるものの、より速く認識される理由なのだ。

**動物的回路がコミュ障の人では働かない！**

大脳皮質というものの実体は、脳の表層をミルフィーユのようなシート状に包み込んだ神経細胞の層であることが明らかになっている。これが、いわゆる高次脳機能を司っているのだ。そこには高解像度の視覚認識も含まれている。

霊長類以外の哺乳動物は、すでに書いたように視覚が未発達である。それは彼らが、皮質を進化させる前段階であることを物語っている。

また霊長類といっても広く、ヒトを含めた類人猿（チンパンジー、ゴリラ、オランウータンなど）、いわゆるサル類（ニホンザルやヒヒなど）、およびもっとも下等な原猿類（マダガスカルに生息するキツネザルなど）に分かれるものの、原猿類では皮質はまだ未発達のままである。

サル類でようやく、ヒトの形式の萌芽が生じている。しかも単に脳の形態的な差異にとどまらず、現実の機能においても霊長類を他の動物から際立たせている、いわゆる高等な知的能力にはこの皮質が深く関係しているとされている。

それゆえ皮質下回路と皮質回路という二つの異なる情報処理の回路は、通俗的な表現を借りるならば動物的な情報処理回路と人間的な情報処理回路と言い換えても、あながち的外れな表現とはいえないと思われる。

そしてこの二つのうち、人間的ではなくて動物的な方の情報回路が働かないがゆえに、コミュ障の人では怒り顔の迅速な認識が妨げられているのである。

### コミュ障の人への誤った認識

コミュ障の人では動物的な情報処理がうまくできないということは、相対的に低次の脳機能に不全があるというのと、ほとんど同じことである。こう書いて、読者の方はどういう印象を持たれるだろう?

少しコミュニケーションの成立が困難な子どもあるいは成人についての知識をお持ちの方なら、「それは反対ではないか」と感じられるかもしれない。そのとおりなのだ。

通説に従う限り、コミュ障は他人の心情を理解することが困難であることに起因するとか、他人の思いに共感する能力に欠けることに起因するといったように、もっとも高等な社会的な能力、すなわちもっとも人間的とされる資質に問題があるとされてきた。

たとえば、他者の社会的視点の把握ができにくいからコミュ障の人は生まれるというのも、そうした主張の一つである。同じ世界に生活していても人間がそこから感じとる心象は、人それぞれである。ファーストフードのハンバーガー一つとってみても、ある人はおいしいと思うし、まったく受け付けない人もいるだろう。その相違は感性の違いといってよいだろう。

ところで、ハンバーガーをおいしいと感ずる方が好ましいのか、それとも不味いと感ずる方が好ましいのかというと、それは甲乙つけがたい、というかそもそも好ましいとか好ましくないとかは議論すべき問題ではない。だって人の好みの話なのだから、「たで食う虫も好き好き」ということわざのとおりである。

たとえ、自分はハンバーガーが好物であったとしても、他人が嫌いなことを非難するのは筋違いだし、自分が不味いと感ずるからといって、おいしいという人を批判することはできない。自分の立場、感じ方とは独立に、他人の感性は尊重すべきというのが、社会的規範にのっとった考え方というものだろう。

他方、そうとわかっていても、往々にして私たちが自分の感性や考え方を一方的に、他人に押しつけてしまうのも事実である。そういう押しつけをくり返しては反省し、人間は社会化を遂げていくとさえいえるかもしれない。

ところがコミュ障の人は、他人が自分と異なる感性、価値観、ひいては世界認識をすることを夢想だにしないのだと、従来主張されてきたのだった。つまり、社会的存在としての人間を人間たらしめている社会性というもっとも高度とされる心理的能力に問題があることで、コミュ障の人は生まれると考えられてきた。

だが、ここで書いた実験の結果はそうした今までの通念とまったく相反するもので、コミュ障は人間の資質を動物的なものと人間的なものに大別した場合、後者よりもむしろ前者に問題があることから生ずる可能性を示唆しているのだ。

むろん世の中には、自身の判断や価値観を他人に強引に押しつける人がいないわけではない。それどころか誰でも多少なりとも、そういうことをくり返しては日々を送っていることはすでに書いた。けれどコミュ障は、他の人々の「ひとりよがり」とは異質なのである。

それにもかかわらず両者を区別せずに十把ひとからげにすることこそが、むしろ問題を複雑にしているのかもしれない。

また、この章を読んで「私の知っているコミュ障とおぼしき人は、怒り顔であれ笑い顔であれ、そもそも人という存在の行動自体に関心を示さない。とうてい動物的（皮質下）回路だけに問題があるという考えは、受け入れられない」という意見をお持ちの方もおられるかもしれない。

むろん、そういう人がいることは事実である。ただしこうした徴候は、古典的な自閉傾向であったり、うつ症状であったり、いわゆる今日にいたる精神医学の診断基準の神経症や精神疾患の定義におさまるものであって、私が本書で書こうとしたコミュ障の人のそれとは別物であることを、理解していただければと願う。

だから「はじめに」で書いたように、ここでのコミュ障は単にコミュニケーション障害の略ではなく、そこから抜け落ちた困ったちゃんとして扱われている人々の話なのである。しかも、困ったちゃんの方が数の上では、はるかに多数であると思われる。

生活していく上で、病院へ相談しにいくほどのことでもないと思う。でも何とかならないか。あるいは、そういう自分は何なのかという問いかけの本であると思って、続きをお読みいただければありがたい。

さて次は、動物的回路だけに問題があって、人間的な回路（皮質回路）は問題ないという現実が、コミュ障をどうしてコミュ障にするのかということを書こうと思う。

# 第2章

# 注目がすべて

## マイペースでご都合主義

## 人間しか笑わない

もういちど前章をおさらいすると、コミュ障の人はそうでない人と比べて怒り顔はよくわからないけれど、笑い顔みたいなものの認識には遜色がない。それは両者の情報処理回路が別々の系によっていて、怒り顔の処理は動物的回路にもとづいているのだけれど、コミュ障の人はそこに問題が存在しているからだ、ということであった。

そこで疑問として、ではどうして笑い顔みたいな表情は動物的回路で処理されないのかということを感じる人がおられるかもしれない。

だが、理由はいたってはっきりしている。笑うというのは、人間にしかない表情だからである。いや笑いにとどまらない。柔和な表情というものをおしなべて表出できるのは、人間に限られるのだ。

第1章で紹介した図1－1を見て、あの線画で笑いといえるのかという感想を持たれた人がいらっしゃったはずだ。確かに、そういう感想は否定できないと、私自身も感じる。けれど、あれが柔和な表情、つまり背後にある感情が、相手に対して友好的なものであることを否定する人は、ほとんどいないのではないだろうか。

そしてそれで事足りるのだ。そもそも友好的な表出というものすべてが、人間に特有と書いて過言ではないのだから。だからこそ人間の誕生にあたって皮質回路が進化した段階で、それによってこうした表情は処理されるにいたったのだった。

こう書くと、「えっ、サルには笑いの表情はないのですか?」としばしば尋ねられる。なるほど、笑いによく似ていて、口角を横に引き、歯を見せる表情そのものは観察される。けれども行われる社会的文脈が人間の場合と、全然異なるのである。

どういう文脈かというと、順位関係によって劣位の個体が優位の個体に対し、恐怖を表す場面で行われるのだ。そして人間の笑いも実のところ、こうした表情から生まれたと考えられている。ただし進化の過程で、伝えるメッセージが変化したのだった。

この変化は人間とサルで社会的交渉の原理というものが変化したことに対応していると考えられる。後者では、順位という力による支配のみが基本であるのに対し、前者ではこれに加えて、友好的関係にもとづく結びつきという別の次元が加わったことを示唆しているからにほかならない。

そしてこの次元の拡大は、人間の子どもがこの世に生を受けてのち、さまざまな能力を学習して身につけていく発達の可能性を飛躍的に増大させる状況を生み出したと、考えられるのである。

## 人間の学習の独自性

「サルの研究をしています」というと、「人間とサルはどこが決定的に違うのですか」という質問を、よく受ける。最近は、遺伝学の研究が急速に進歩して、遺伝情報のDNA配列というのが、一〇〇%解読されてきている。それによると、人間とチンパンジーのDNAは九八・八%が同じであるという。だから遺伝の研究者なら、「人間といっても内実はサルとほとんど同じようなものです」と考えるかもしれないし、それは誤りではない。

あるいは人間は二足で歩行する点で固有であるという説もある。毛がほとんどはえてなくて、裸であるという主張も一時、流行した。

けれど私は、心理・行動の研究者なので、外見や形態やDNAはひとまずおいた上で、心のあり方についての差異に自ずから関心がいってしまう。

こうして考えてみると、能力というものそのものについては、人間以外の霊長類でも、以前に考えられていた以上に高等で複雑な内容を認識したり、あるいは自分で遂行できることがわかってきている。だからその限りにおいて、両者に決定的な相違は、見つけられそうにない。

しかしながら、その高次の認識や行動の遂行を可能にする学習を成り立たせる「ばね」が、根本的に違う。学習は大きく、「してはいけない」ことを学ぶ、つまり禁止のものと、「した方がよい」ことを学ぶ、つまり促進のものに二分されるが、そのうち後者つまり学術用語でいうところの「報酬（reward）」と呼ばれるものが、質的に大きく異なるのである。他方、禁止の方は基本的に変わらない。つまり自分にとって脅威や有害なことが起きると、それは罰として作用する。ここでいう報酬とは、学習上の励みにほかならない。正のフィードバックだ。励みがあると、ますますその直前の行動や認知を行うようになる。それが人間と、人間以外の動物では大きく異なる。

人間以外の動物では、報酬はおおよその場合において、水を含めた食物である。食物は、生命を維持していく上で、もっとも大切な要素であるからだ。ところが人間ともなると、そうではなくなる。機会があれば、人間の子どもをしばらくのあいだ眺めてみればわかるだろう。

子どもにとって成長していく過程での最大の学習は何かといえば、それは「ことば」をマスターしていくことのように思われる。

それというのも、満三歳になった頃から小学校に入るまでのあいだに、彼らは平均して毎日、一五語くらいのペースで新しい単語を習得していくことが明らかにされてきているからである。それぐらいのテンポで学習しないと、成人の用いるようなおびただしい語彙数には一〇年かけてもたどり着かない勘定になってしまうのだ。

これは、とてつもないスピードというしかないだろう。おそらく子どもは、涙ぐましい努力を払ってことばを身につけようとしているに違いない。

それではこの学習の過程で、その涙ぐましい努力を支えるものは何なのかといえば、それは決して食物や水ではないのである。

たとえ努力しなかったところで、人間の子どもはふつう、三度三度の食事は与えられることが多い。かといって、子どもの報酬は、特別に用意された大好物のケーキやアイスではないし、ジュースでもない。よく頑張ったからオモチャを買ってもらえることでもない。

## 社会的賞賛の絶大な力

では何が原動力となっているかというと、新しい単語を口にしたとき「わぁ、〇〇ちゃん、もうそんなことばを言えるようになったのね！」というのに代表される、周囲の反応なのである。

つまり、子どもを取り巻いている周囲の大人たちが振り向いてくれること、感嘆して驚きのまなざしを投げかけてくれることが、最大最高の報酬として作用しているのだ。

私はサルの研究に長い間たずさわってきたからよくわかるのだが、生物としての同じ仲間である他の存在が、自分自身に注意を払ってくれることが心地よい、だから学習にせっせと励むというのは、人間以外の霊長類ではまずあり得ない現象なのだ。一方、その感性が人間では本能として備わった状態で、生まれてくる。

当たり前の話であるけれども、私たちは学習することなしには言語を操ることなど不可能である。そして人間以外の動物は、言語を操ることができない。その点において、人間は他の動物から卓越した生物であるということにも、疑問の余地はない。

けれども、どういう言語（日本語、英語、フランス語、……）を身につけていくかにかかわらず、言語を学ぶにあたって、子どもが周囲の仲間に注目されることを励みにする点は、万国共通である。またそのための資質があらかじめ人間に、遺伝的に無条件に設定されているということも、事実なのである。

そういう意味では、社会的に注意を払われることに心地よさを感じる習性は、人間に生まれながらに備わった、いわば「業」のようなものと書くことも可能だろう。

事実、人間は終生、その呪縛から逃れることはできない。

それは善いとか悪いとかいう、価値判断を下す性質のものではない。どうしようもなく「そう」であり、死ぬまでそれと付き合わねばならない宿命にあるといってよい。

そしてその出発点となるのが、他者の表情のなかの「笑い」という人間独特の表出なのだ。生まれたばかりのころの私たちを想像してみよう。周りは混乱にあふれている。その時、自分に笑いかけてくる対象、それに注目し、それにならうことで人間は身の安全と、順調な発達へのスタートを切るのだ。

学習の励みとなる社会的賞賛の核となるのが、この表情であることも改めて指摘する必要はないだろう。ここから人間は、他の動物では不可能な高次の学習が始まる。そう考えると、笑いの情報処理が、人間的（皮質）回路で処理される経緯も判然とする。そして、この情報処理はコミュ障の人でも、ふつうの人と同様になされているという事実は、コミュ障の人もやはり社会的賞賛に対して同じような感受性を持っていることを示唆している。もしコミュ障の人にこの側面での社会性に問題があるという認識が広がっているとすれば、それは大いなる誤解といわねばならない。

## 社会的賞賛の魔力

実のところ、この資質を持たずに生まれてくる子どもというのは、ことばのマスターに困難が生ずるし、かなり少数派に属するといっていい。それどころか、大多数の日本人にとって、周囲から注目されることの心地よさはほとんど嗜癖《しへき》と化しているかもしれない。Ｆａｃｅｂｏｏｋに代表されるＳＮＳ（ソーシャルネットワーキングサービス）の隆盛ぶりは、そうとでも考えないと解釈不可能だろう。ＳＮＳを体験したことのない人には、いくら書いても何のことかまったくわからないだろうし、かたや知っている人間にはほとんど自明の話になるけれど、ウェブ上で「いいね！」とか、フォロワーの数とかが表示されなければ、こんなに普及することは考えられないはずである。

なかには、ネット依存症とか、ネット中毒と呼ばれるほどに「はまっている」人々も、決して珍しくないことからも、それはうかがえる。

それというのも周囲から注目されたか否かの現実そのものは、私たちは意識的に認識するものの、その認識自体を自分が「快い」と感じているかどうか、意外なほど自覚がないからである。それは、処理された情報と報酬系とが結びつく関係が、先述したように生物としての人間に生まれながらに備わったメカニズムにもとづいているからだ。

少し脱線するが、テレビのスイッチをオンにすると、とりとめのないバラエティ番組が氾濫していて、そこに大学教授や精神科医や、教育関係者が出演しているのを目にすることが、めっきり多くなった。自らの専門的な知識を提供することが目的の番組出演ならいざしらず、ただにぎやかしになっている場合がほとんどだ。職業倫理上は、ひんしゅくものであるのはいうまでもない。

本来の職場においても、同僚から好意的に受け止められないのは、火を見るより明らかである。それでもまだ、タレントもどきの活動を続けるのかと、いぶかしく思う人もいるかもしれない。

だが、いったんこのような場に出だすと、やみつきになる。出演を「もうよそう」と決断に踏み切るのは、意外なほどむずかしい。一種の出演依存癖が形成されてしまう。

出演のきっかけは、実のところ「やむを得ず」の事情が背景にあるのがほとんどであるかもしれない。いろいろ義理も絡んで、しぶしぶ出た。当初は「これ一度きりだから」と心に決めている。

ところが一度出ると、状況が変わってくる。「先生、このあいだのテレビ、観ましたよ」と周囲の学生などが話しかけてくる。私も、経験がある。

「あのときの服装、なかなか似合ってましたよ」などと感想をいってくるかもしれない。また番組で、人気のあるタレントと同席したりすると、「あの人、どんな方でしたか？」と尋ねられることも、珍しくない。尋ねられる以上、それなりに答えるのが礼儀であるものの、しぶしぶ出演したのならば、内心忸怩たる気持ちになってしまう。「もう金輪際、こんなことはよしておこう」と、決意を新たにする。

ところが、また番組出演の依頼が舞い込む。すると、二度と出ないと気持ちを強くしていたはずなのに、なんとなくズルズルと相手に押されて、再び出演を承諾してしまう破目になる。

どうしてか。

**注目されることへの耽溺**

結局のところ、テレビに出演して悪い気持ちが全然しなかったからである。それどころか、周囲からそれについてさまざまに取り沙汰されたことが、本能的に当人にとって快い経験となる。

「どうしてそんなことがいえるのか。当人は、金輪際もうコリゴリであるように言明していたではないか。あれは偽りの発言なのか」という反論があるだろう。

しかし、周囲から注目を浴びたという経験は、自身が「どう考えるか」ということとはまったく別の次元で影響力を発揮する。自分自身でも気づかないうちに、本人を心地よい状態へと導いているのである。

「私」という存在が主体として、ものごとを遂行するというのは、すなわち理性的な営みであり、人間はこうした意識的活動ができるようになったことで、他の動物とは隔絶された生き物となった、とされている。

その遂行のために、ことばが極めて重要な役割をになっているというのも、疑い得ない事実であろう。

他方、その言語を習得するという過程を支えるメカニズムなどは、あくまで「動物としての人間」の次元に属しているのだ。それゆえ、いわゆる理性のような意識活動をもってしても、その過程には介入することはあり得ないし、それどころか学習が強化されていくことについても、知る術を持たない。

あげくのはてに私たちは、他者から活発に反応されると、自分自身でも自覚のないままに、その反応をひき起こすにいたった行為を、ますますくり返すようになってしまう。好むと好まざるとにかかわらず、である。

その端的な事例を、娯楽番組の出演にのめり込んでいく（あるいはＣＭに出演する）、知識人や評論家と呼ばれる人々にみることができる、というわけである。

それを批判するのは、たやすい。けれども、人間というのは生来、そういう生き物としてできあがっているし、だからこそ非常に高度な学習を遂行できることを、無視することはできない。

## コミュ障の人は不快に思われていることがわからない

くり返しになるけれど、コミュ障の人も社会的に注目されることを励みとして、高度な学習を行っていく点では、何ら変わりはないのである。では、他の人々とどこが違うのか？

再び、怒り顔への感受性の方が乏しいということに戻ってくる。よく考えてみると、怒り顔を向けられるというのもある意味、注目されているという点では、柔和な表情を向けられるのと同じことなのだ。

こちらの方が系統進化の段階では起原が古く、そもそも周囲から眼を向けられたというのは、何やら自分がしてはならないことをしてしまったからで、これはまずい、もう同じことはやるまいと負の学習を行っていたのが、進化の段階でそればかりではなく、時にポジティブに注目されるという正の学習に変わったのである。

ところがコミュ障の人では、その本来の形である「ひんしゅくをかって、周囲から眼を向けられている」ということの方に、気がまわらなくなってしまっている。

結果としてどういう状況が生じているかというと、何であれ周囲から注目されると、その直前の行動が正の強化を受け、ますます同じ行動をとるようになってしまっているのだと考えられる。本当のところは周囲は、批判の眼を向けているのだが、それが批判ととらえられない。

つまり、周りにリアクションを起こさせればすべてOKというふうになっているのである。端的に私たちは、それを幼稚園や保育園での子どもたちのなかに見出すことができる。

## うまく遊べない子どもの理由

最近は、「この子どもはコミュ障なのでは?」という指摘が、発達の初期段階でずいぶんとなされるようになってきた。コミュ障が判明したところで、だからどうしたらいいのかはまだ模索段階なのだけれど、ともかく問題のある子どもをスクリーニングすることだけは、早期になされるようになってきている。

といっても、特殊な検診システムができたわけではない。そういう子どもが、幼稚園や保育園に入ってくると、早晩、友だちとトラブルを起こすからにほかならない。

もっとも、そういうトラブルは以前から起きていた。けれどもかつては、幼稚園や保育園での子ども同士のトラブルなどに保護者も他の大人も目くじらを立てることはなかった。「子ども同士が遊んでいて、トラブルになるのは当たり前」ぐらいに考えていた。それが昨今、当たり前ですまされなくなってきたという話にすぎない。

それはさておき、どうしてトラブルが生じるかということなのだが、当事者の子どもに、「相手をいじめてやろう」とかいうような悪意があって起きるわけではないのである。

ただし向こうが嫌がっているのに、あえて嫌がることをしつこくしてくる、というパターンが圧倒的に多い。それで向こうの子どもがそれを保護者に話す。以前ならそういう子どものグチみたいなものを聞いても放置していたのを、今は保護者が園に連絡してくる。クレームである。

クレームがくると園としても、そのままにしておくことはできない。止むを得ず相手の保護者に伝えて、それでコミュ障の子どもではないか、という展開をたどるのだ。

それで本人に尋ねてみると、向こうの子が嫌がっていると、まったく思っていないことがわかる。それどころか喜んでいるのだと思っていた、というケースがほとんどである。とりわけ男の子の、いわゆる乱暴な行為がその対象になることが多い。

つまり何やら、わざと乱暴に振る舞う。当人としては、故意に誇張してやっているつもりでのオーバーアクション、要は「ウケねらい」であったりする。ただ、力の加減がわからない。

向こうからすると、本当に乱暴な行為に映る。それで、「わぁー」とか「キャー」とか、悲鳴をあげて避けようとする。「わぁー」「キャー」には、時と場合によっていろんなニュアンスが含まれる。ふつうの子どもなら、相手の表情やしぐさから、そのニュアンスを的確に判断する。だがコミュ障の子どもは、そこが困難である。

とにかく強いレスポンスが返ってくるものだから、ポジティブに受け止められたのだと思い、ますます行動をエスカレートさせる。あげくのはてに、相手を泣かせたり、時によってはケガをさせるという事態を招いてしまうのである。

### 大げさな身振りと奇声

上手に「おともだち」と遊べない、といわれる子どもは乱暴者というレッテルを貼られるばかりでなく、身振りや表情が大げさであったり、あるいは大きな声を出したり、時には奇声を発する性癖を示すことも稀ではない。これはとくに、そうした運動を実行する回路が例の動物的（皮質下）回路と関連しているということを示唆しているわけではない。要は大げさな表出を行うと、周囲から強烈なレスポンスが返ってくるというだけのことなのだ。

たとえば、園庭でみんなが遊んでいるとする。先生もまじっている。そこで、ふつうならそんなに声を張り上げることもないような文脈下で、叫んだり、けたたましく笑ったりしたとしよう。

ほかのみんなは、「おあそび」を中断して声の主を注目することは、受け合いだ。当の子どもがまだ入園したてであるならば、先生も「どうしたの」と大あわてで近づいてくるかもしれない。

それが、コミュ障の子どもたちには報酬と受け取られるのである。

通常では、そうならないはずである。だってみんなは、ほとんど驚いてふり向いたにすぎないのだから。先生にすれば、何やら非常事態でもあったのかと思って、かけよってきたにすぎない。だから、そのあとは「なーんだ」ということになる。

ふつうの子どもなら、一度や二度はそういう行いをしたとしても、周囲の一連の対応から「こういうことをしては、まずいんだな」と察するところだが、コミュ障の子どもではそういう認識には到達しないのである。

パフォーマンスとしては「ウケた！」と判断してしまう。つまり、何か周囲を本当に面白がらせることをしてみせたり、先生に褒めてもらえるようなことを行ったのと、区別がつかないのである。

どうして区別できないのかは、もうおわかりなのではないだろうか。

不審の表情や驚きの反応も、典型的には瞳孔が極端に開いたりしていて、受け手にとって基本的には脅威となる情動であり、ふつう動物的（皮質下）回路で処理される。コミュ障の子どもはそこが十分に作用しないものだから、人間的（皮質）回路を経由することによって社会的に注目されたものとして、ほとんどポジティブな注目の形で知覚され、心地よい感覚をもたらすからにほかならない。

日本には昔から、「かんのつよい子」という言いならわしがある。

典型的な事例としては、電車内のような公共空間でもせわしなく動き回り、ちょっとでも気に入らないことがあると、金切り声を張り上げたりする子どもをよく目にする。周囲はおおよそ、「ああいう気質の子どもなんだ」という思いで眺めていることだろう。もちろん、生まれながらに多動傾向があることだって考えられる。

けれども、医学的に検査をしても、とくに気質には特別な点が見当たらないことだって、そう珍しいことではない。そういう場合、よく調べてみると子どもは周囲の反応を報酬として受け止めて、成長するに従って行動をエスカレートさせてきたことがわかるのだ。

すなわち、通常より少し甲高い声で叫んだり激しい動きを、家の内ではなく外でたまたましてみせたところ、同伴の保護者が常にあわてふためく。当然のこととして、大人は公衆の面前なのだから、子どもに止めさせようとする。

その狼狽ぶりを、一種の社会的賞賛と理解する。「ウケた！」と感じて、同じ状況下で再びくり返す。あるいは、より大胆かつ過激に振る舞う。そしてしまいには、どんなに叱っても言うことを聞かないようになってしまうのである。

**社会的参照の欠落**

加えて、私たちの表情、しぐさのパターンというのは、声と同様に幼少期に個々人の個性が確立してしまうと、そののちはほとんど変化することがないまま、生涯を通じて維持されるものである。

同窓会などで何十年ぶりに同窓生と再会して、容姿だけでは誰かが判然としないのに、会話を続けていくうちに過去のイメージが、彷彿として湧き上がってくるのはこのためだ。それゆえ「スズメ百まで踊り忘れず」のたとえのように、話しっぷり、笑い方、抑揚、頭や手のちょっとした動作といった特徴は、小学生をすぎると一貫して保持される。

結果として、コミュニケーションが苦手なんて夢想だにできないばかりか、時に、いわゆる豪放磊落《らいらく》に笑ったりして周囲の注意を引くような成人にはかなりの割合で、コミュ障の人が含まれる事態が生じるにいたっている。

そういう人物は一見すると、相手とうまく話のやり取りをしている印象を周囲に与えるものの、その実どういうふうに向こうが返答しているかに一向に無頓着か、あるいは都合のよいようにしか受け取らないことが、たいへん多い。それは生まれて物心ついてから、一面的にしか社会的な学習を成立させてこなかったことの結果なのだといっても、過言ではない。

それというのも普通ならば人間の子どもは一歳になる前から、自分のまわりの環境の下で未知の状況に遭遇すると、どう振る舞うべきかの判断を仰ぐために、保護者とりわけ母親の顔色をうかがうものだからである。このような行為は、一般に社会的参照（social referencing）と呼ばれている。

社会的参照の影響は時に、本人の生死にかかわるものとされている。

一般に人間以外の動物には、高所への恐怖というものが生得的に備わっている。あれだけ敏捷なネコといえども、一定の高さ以上の崖から下をのぞき込むと、反射的に身を硬直させる身体反応が生ずる。

誕生後、高低差のある環境をまったく目にしたことのない子ネコを平坦な飼育条件の下で育てた研究者がいる。そして次のような実験を行った。その子ネコを一メートルの段差のある格子模様（黒と白のまだらのチェス盤のパターンをした）の床に置いてみたのだ。黒と白の目のチカチカするような床をしばらく歩いていくと、やがて突然、ストンと落ち込みに出会うしかけになっている。

ただし、実際に落ちることはない。格子模様の床の上にはもう一枚、平板で透明なアクリル板が敷かれているので、あえて歩けばどこまでもまっすぐ歩いていける。ただしアクリル板は、ツルツルできれいに透明にみがかれていて、ネコはその存在に気づかない。上からは段差だけが、鮮やかに透けて見える。このような装置は、心理学者によって「視覚的断崖」とよく命名されている。

はたして、この視覚的断崖の前に子ネコを置いてみると、歩き続けることは可能であるにもかかわらず、段の際までくると立ち止まることが判明したのだ。一メートル下の床を見下ろして、じっとすくむ。過去の視覚経験の有無とは関係なく、奥行を知覚し高さを恐れるのだ。

それでは人間の零歳児はどうなのだろうと、アメリカの発達心理学者が、とんでもないことを思いついた。ネコの場合と同じ装置を用い、赤ちゃんにハイハイさせようというのだ。ただし、ネコの場合と異なり、段差の向こう側に子どもの母親にいてもらうという状況設定をする。実験は何回かくり返し行われた。

その際、赤ちゃんがはってきて段差の際までやってきたときに、母親に試行ごとにさまざまな表情をしてみせるようお願いしたのだった。当然のことながら、前方に母親がいるのだから、赤ちゃんはどんどん近づいていく。

そこでいよいよ段差にさしかかったとき、母親はある場合には険しい表情、またある場合には柔和な表情をすることを求められたと、理解していただければよい。すると、どういう結果が得られたか？

怒り顔のような険しい表情を見たときには、段差の前でストップする。しかし、ほほえみのような柔和な表情を目にしたときには、なんと平気で段差の真上にあるアクリル板を母親の方向へと進みだすことがわかったのだった。

もしもこれが日常生活でのできごとであったならば、子どもが命を落とすまではいかないとしても、大けがを負うことは、ほぼまちがいないだろう。社会的参照の影響力とは子どもにとって、時としては本人の生死を左右しかねないほどのものであることを、この実験結果は物語っているのである。

ただし、これはあくまでごくごくふつうの子どもを対象として実験を行った場合の話だ。もしも同じ実験を、コミュ障の子どもで行ったらどうなるか？

もうお察しのごとく、表情の如何にかかわらず母親の方へ近寄っていくものと推察される。推察されると書いたのは、現実に検証したわけではないからである。今日では、現実に検証実験を実施することが子どもの人権上、倫理的に問題があるとして、許可されないので、決定的な結論を得ることはできなくなってしまっている。だが、この推測は十中八九まちがいないだろう。

## コミュ障の人に苛立つ理由

遺伝的に与えられた情報にばかり依存するのではなく、周囲に生活する他者の行動を途方もないスケールで参照することにより、人間の発達にはほかの動物にはなかった柔軟性が誕生した。結果として、極めて多様な環境に適応することが可能となったのだ。けれども、コミュ障の人は、そのような過程を経て成人していくわけではない。もちろん何かしらの参照を行うのは事実であるものの、そのように取り込まれる情報量はふつうよりも極端に制限されているらしい。なるほど「促進」される情報は参照される。しかし「抑制」の方は無視される。いや、無視どころかそれまでもが「促進」と受け止められる。だから、一貫して、「マイペース」あるいは「ご都合主義」と見る方が正しいだろう。

その行動を起こすにあたっての意思決定の詳細には、余人のうかがい知れぬところを感じることとなる。

成人になったコミュ障の人と、同じ職場で働いている同僚がもっとも苛立つのは、周囲からの「こうした方がいいのでは」といった助言にほとんど耳をかさないことではないだろうか。これは本人が、明らかな失敗を犯した場合でも同様である。といって、公然と助言を拒否したり、失敗に開き直るのではない。

それどころか、その場では、それなりに聞いているように映ることもしばしばである。しかもそれなりに納得したような受け答えをする。言った方としては、理解してもらえたんだと判断する。ところがあとになって、全然何も変わってないことに気づくことになる。これは、ささいな言い間違いのような誤りや、事務上のミスについても往々にして起こる。幾度となく同じ注意喚起をしても、同じことをくり返すので周囲を苛立たせる。

こちらとしては訂正・修正をうながして対応している。これは学習の形成でいうと、相手にネガティブなフィードバック、つまり報酬ではなくて一種の罰を返しているわけである。ところが向こうは、動物的（皮質下）回路が十分に機能しないため本来的な情報への感受性が低い。それどころか、一方的に人間的な（皮質）回路が機能するため、自分の行動に対していかなるものであれ、反応してくれたことを報酬ととらえ、そこに快感をおぼえるのだと思われる。

ことばというのは、何とでも解釈できるものである。「それでは困ります」と真剣に伝えたつもりでも、コミュ障の人が相手ではその深刻さは伝わりづらい。だから、同じ過ちを犯す。再び助言する、ということが反復されるうちに、相手は本人の自覚のないうちに、注目されることの心地よい耽溺にはまりこんでいくことすら珍しくない。

あげくのはてに、たまりかねた周囲が強硬な態度に出ると、「そんなこと急に言って」とか「いつもしっかりやっているのに」と逆ギレする。

**よりよい環境がコミュ障を生み出す**

そもそも人間が、その原初の姿を進化させた頃の私たちの祖先の生活を想像してみよう。現代日本のそれとは比べるまでもないほどに、環境内には危険や脅威があふれていた。

そのような世界で、保護者が目の前で険しい表情をして危険の存在を知らせてくれているのに、おかまいなくそこへ近寄っていく子どもが生き残れるものだろうか？　脳機能に即して考えても、動物的（皮質下）回路の情報処理が十分に機能しない存在など、生物として見たならば、やはり生存価値は低下するに違いない。

コミュ障の人とは、人間が生物として本来の生活スタイルを保持しているならば、ふつうよりも身にふりかかるリスクが大きかったはずの人である。つまりダーウィン流の表現を借りるならば、淘汰されやすい個体であった。

にもかかわらず、今日の日本で、これほどコミュ障の人であるということが話題になるのはどうしてなのだろう。

とりもなおさず人間の生活スタイルが、生物としての本来のそれとはおよそかけ離れたところまで来てしまったからと、考えるしかないだろう。人工物が身の回りに氾濫し、自分自身の安全を確保するために、自らの五感をフル活用する必要のない世界へと、自分たちで作りかえてきた結果、自分の安全確保の術に劣る存在であっても、十分にやっていける世の中が出現したからにほかならないのだ。

コミュ障と同様の例である「方向音痴」を考えてみると、よりわかりやすいかもしれない。

自分と周囲との空間的な位置関係の認識にうとい人というのは、今や日本にごまんといる。それは明らかに、脳内の空間情報処理が十分に機能しないことによって、生じている。だが自分が方向音痴であることに、真剣に悩む人というのはあまり聞かない。ほとんど愛嬌ですらある状況だ。

しかし、アマゾンのジャングルで生活していると仮定しよう。方向音痴であることは即ち、死を意味するのだ。文字など書けなくとも、数の複雑な演算などできなくとも、生活に一向に支障はないけれど、方向感覚が鋭敏でないと、たちまち森の中で迷ってしまう。

そして、これからも方向音痴の人は、増え続けることはあっても減少することは決してない、と思われる。ひと昔前なら、自動車を運転するにあたって、方向音痴なら通常より何がしか困難をおぼえたはずである。地図を頼りに見知らぬ土地をドライブする際には、たいへん苦労したし、それに対応して、交通事故に巻き込まれる確率も高かっただろう。

それが今や、カーナビの時代となった。この装置の普及によるドライバーの運転の負担の軽減の度合いは、明らかに方向音痴の人の方が他の人より大きい。結果として、前者の人の生存確率がアップし、また淘汰圧は緩和されたと考えられる。

世の中が、方向音痴にとって生活しやすい環境になってきた。それが、方向音痴の人が目立つ大きな一因でもあるのだ。

## 増え続けるコミュ障の人？

同じ論理に従うならば、コミュ障の人が目立つのは、世の中がコミュ障にとって生活しやすい環境になってきたからだ、ということになる。そして、この仮説は一面で正しいけれども、一面で誤っている。

なるほど人類の誕生以後の歴史という大局的な視野でみると、コミュ障の人は一貫して増えてきたと思われるし、それは環境がコミュ障の人にとって生きやすい方向へと変わってきたからだろう。しかし他方、日本のここ数十年という限定された局面に関する限りは、世の中はコミュ障の人にとってまちがいなく、生きづらいものになってきている。だからこそ、コミュ障の人が顕在化するのであると私は思う。このことは、あとで詳しく書くつもりである。

話を第1章でふれた、STAP細胞事件の主についてに戻すことにしよう。

自分にとって都合の悪いことは、本人も自覚のないままで無視する、あるいは都合の良いように解釈する、というのがコミュ障の人の基本的なスタンスであることは、納得していただけるのではないだろうか。

### シンデレラの利己主義

二〇一四年末に発表された調査委員会の報告によると、誤りの原因はSTAP細胞とされていたサンプルに、別の細胞の混入があったということに落ち着いた。どうして混入したのかは特定不可能という。

実際にこの報告のとおり、別の細胞が混入されたサンプルをそれと知らずに実験に使用し、結果を得たと仮定しよう。その結果は、STAP細胞の存在を支持するものであった！しかし、である。ほんのわずかな偶発的な混入だけでも、今回のような大規模な実験プロジェクトの結果の筋書きが、大幅にゆがめられてしまう可能性があるのは火を見るよりも明らかなのだ。通常の感覚の持ち主ならば、偶発事故以上の作為を感じない方がおかしい。

けれども実際に、STAP細胞ができたと公表した中心人物は、微塵もそういう疑いをさしはさまなかったようだ。もちろん、彼女自らもある程度は、データを意図して操作したのだろう。しかし原則的に彼女は、自分の達した経験の正しさに確信を持っていたと思う。調査委員会によると、STAP細胞と結論づけられた緑色に発光する細胞を見つけ出した時、それを詳しく検討することを怠ったと当人も認めているという。自分の仮説に好都合な結果と、思い込んでしまった。たとえデータが仮説と合わなくても、それは実験が下手なためで、ゆくゆく上達すれば予想される結果は得られる。だから今のところは思うようなデータがなくても、出たことにしておいてかまわないと確信して、架空の結果を報告したのだろう。

その確信のゆるぎなさは、ふつうならば到底抱き得ないほどの、あいまいな根拠に立脚するものであった。ここにはコミュ障の人の特徴が如実に露出している。

あるストーリーを心に浮かべたならば、すべての証拠の断片をそこに都合よくあてはめていく。周囲の人間が得たデータあるいはコメントも、論旨に合致するように解釈してしまう。彼女を指導する立場にあった人物が彼女を指して、「わたしのシンデレラ」と言ったとか言わないとかが取り沙汰されたけれど、真偽のほどはさておき、彼女の人物像を別な意味で言い表していることだけは確かである。

コミュ障の人は女性の場合往々にして、周囲の誰もがシンデレラのために生きているかのように、振る舞うからである。

## 新人類としてのコミュ障の人

週刊誌とかの記事を読むと、彼女はまた、まだ学生だったころには周囲から「宇宙人」と呼ばれていたとも、書かれていた。これも言い得て妙な表現だろう。つまり、極めて人間離れしているというわけだ。

そういえば、かつて我が国の首相まで務めた人のなかにも、「宇宙人」と呼ばれている人物がいるが、彼の言行にもSTAP細胞のシンデレラに相通ずるものが、あるようにも思えてくる。

すでに書いたように、コミュ障の人とは、人間が生物として他の種と共有している要素が十分に機能しないことから生み出されるのである以上、「従来の生物のイメージから浮遊した、新しいタイプの生物」と表現できなくもないからだ。ではコミュ障の人と書く以外にあえて表記するとすれば、どんな名称があるかと考えた場合、さしずめ新人類かあるいは宇宙人しか頭に浮かんでこないのである。

だがよく考えてみれば、現生人類という存在そのものが、生物としてはおそろしく例外的なものなのである。まず、他の動物にはない言語という伝達媒体を所有している。言語によって私たちは、エピソードの記憶ばかりでなく知識を記憶するようになった。

「誰々に会いにいった」とか、「昨日は雨が降った」という情報ばかりでなく、「誰々には姉がいる」とか、「前日の夕焼けが美しいと、次の日は雨が降る」といったように、個人の状況から独立した知識を持ち、それを世代から世代へと伝えるようになっていった。

さらに飛躍的な変化であったのは、文字の発明だろう。環境に書き残すことによって、それまでは脳に貯蔵するのみであった知識を身体の外側に保持することができるようになったのだから。このようにして個人の知識は、それが誰の手によって獲得され、どう伝わってきたのかとはまったく関係なく、独立した情報として誰によってでも、意図するままに保持できる代物と化した。文明が誕生したのである。そして文明が生まれるや人間は、「もはや自分たちは、他の動物のような存在ではない」と一線を画し始める。今からさかのぼることおよそ数千年前のことであった。

数千年というと大昔のようにも思えるが、私たちの祖先が直立二足歩行を始めたのがおよそ数百万年前であることを考えると、人間は自らの歴史の一〇〇〇分の九九九ぐらいを、他の動物と同じように生きてきたことになる。それがごく近年、急速に変わりだしたことになる。

近年になるまでキリスト教圏では広い地域で、誕生ののち一歳になるまでの子どもは布でぐるぐるに巻いて育てられるのがふつうであった。スウォドリングという習慣である。どうしてスウォドリングを行うのかという問いに人々は、「ハイハイをさせないため」と異口同音に答える。「人間は二足で歩くもの。四足で歩くのは他の動物。両者ははっきりと区別しなければならない。ハイハイをさせると、獣に育つ」のだと考えられていた。

そして両者を峻別するにとどまらず、人間の他の動物への優位性を主張するようになったのだ。そのためには人間は、生物性を排除される方が望ましいと考えるようになっていった。

この考えに従うならば、コミュ障の人とはまさに「人間のあるべき望ましい姿」のイメージに沿った存在ということにならないだろうか？

実のところ、この考えに従う形で人間は自らを他の生物を含む自然と対立させ、自然を自らの「より良い」生活のために活用されてしかるべき対象とみなして、望むままに「加工」をほどこしてきたし、加工をめざして、自然への知識を蓄積してきた。それは科学と技術の飛躍的発展をもたらした。一方、コミュ障の人はその数が着実に増えるにいたっている。そしてこうした並行関係を単に偶然と片付けることは、決してできないのだ。

ここまではコミュ障の人をあたかも、問題を抱えたやっかい者として、一方的に扱ってきたという印象を持たれたかもしれない。しかしコミュ障の人こそ、人間の「脱生物化」を成功させた貢献者であるかもしれないのだということを、次に書くことにしようと思う。

第3章

# 木を見て森を見ない

## パーツにこだわる世界認識

## コミュ障と智の優位性

夏目漱石の『草枕』の冒頭のくだりは、たいへんよく知られた文章で始まっている。曰く「山路を登りながら、こう考えた。智に働けば角が立つ。情に棹させば流される。……」（岩波文庫『草枕』より）。ここで書かれている智と情とは、要は理性と感情に対応するだろう。「智に働けば角が立つ」とは、理性的に振る舞うことで、感情的軋轢をもたらすことが珍しくないということだと私は理解している。

事実、そういう経験をしたことのない人の方が少ないのではないだろうか。その点、コミュ障の人はいかなる状況下でも、ドライな判断に長けている。

理屈の上でこうすべきと考えても、周囲の冷たい眼が気になるから躊躇する、ということが稀だからにほかならない。だって冷たい眼差しへの感受性が低いのだから。そしてこのことは、情に棹さすことなく（つまり無用な感情をさしはさまず）、冷徹に対象に向き合うことが求められる科学的な研究という行為でも、コミュ障の人がユニークな適性を発揮できる可能性を示唆しているのである。

つまり感情というものを犠牲にして、知性の優位性を無条件に認める資質――この態度をいかなる状況下でも貫徹できるという意味では、コミュ障の人こそまさに現代社会にとってうってつけの人材であるかもしれないのである。

そして実際、近代西洋科学の歴史を改めて通観したとき、そのブレークスルーを演じた人物がもし今の世界に実在したならば、コミュ障ではないかという人々が少なくないことがわかるのだ。ここでは、その代表格としてレオナルド・ダ・ヴィンチとアルバート・アインシュタインを取り上げてみることにしようと思う。

**ことばの不自由なレオナルド**

レオナルド・ダ・ヴィンチは一四五二年、当時のフィレンツェ共和国のヴィンチ村に出生している。名前をそのまま訳すと、「ヴィンチ村のレオナルド」となることから、近年では、簡略する際にはレオナルドのみ表記することが多くなっている。

周知のとおり世の中では彼をして、ルネサンスを代表する「万能の天才」と評している。だが、このレッテルは、ルネサンスが暗黒の中世からの脱皮であったとする一面的な理想化にもとづく曲解であり、彼は決して万能ではなかったのだった。

それどころか彼は無口であったし、弁論術は大の苦手であったことが記録に残されているのだ。弁論術が、古代ギリシャの学問交流においてたいへん重要な役割を果たしたことはあまりに有名である。ところが古典の復興を目指したはずのルネサンスにおいて、その立て役者であったレオナルドは弁論の術をわきまえなかったということになる。

さらに外国語の習得をついに行わなかった。レオナルドは生涯にわたって、生活する街を激しく移動している。ざっと記しても、フィレンツェ→ミラノ→マントヴァ→ヴェネツィア→再びフィレンツェ→再びミラノ→ローマ、といった具合で、最後にフランスのアンボワーズで死を迎えることとなる。

だが終生、フィレンツェのことば以外話すことはなかった。晩年を送ったフランスの言語はおろか、イタリア各地のことばもマスターしようとしなかった。

レオナルドが生きた頃のイタリアは、各地方が一つの独立した国家を形成し、用いられることばは別であったのだ。ただしあえて言語が違うと書いたところで、さほどの差異（たとえば日本語と英語のような）があるわけではない。現在のイタリア語とスペイン語を大同小異とみなしても、たいして間違っていないだろう。加えて、郷に入《い》っては郷に従うのも、二一世紀であれレオナルドの生きた一五～一六世紀であれ不変である。

それゆえたいていの人間なら、たとえばフィレンツェからミラノへ移ったならば「ミラノ語」を、あえてこう表記するのに抵抗があるならば、ミラノ方言を習得しようとするのがふつうであった。しかし、レオナルドは例外であったらしい。

今日でも、同様の傾向はあるけれど、当時は今よりもはるかに人の往来がなかったのだから、よそ者は白い眼で見られる。話すことばが違うと、とけこめないのはいわずと知れたこと。だから、レオナルドはヘンなことばを話す奴として、疎外され続けた。それだからこそ、頻繁に住む街を替えたという事情もあったのだろう。

そしてついにイタリアを離れてフランスへ行くのだが、イタリア方言すら話せないのだから、状態は悪くなるばかり。そのままコミュニケーション不全に苦しみつつ、死を迎えたのだった。

## レアリズムの誕生

そんなレオナルドの心を何よりも愉しませてくれたのが、解剖であった。初期にはウマを対象に行い、やがてそれは人体へと発展していった。

もっとも解剖そのものは、彼にとっては手段にすぎず、真意は森羅万象を観察したいという欲求につき動かされてのことであった。幼少期にはすでに、虫やコウモリを描いていたと伝えられている。

二六歳になったとき、フィレンツェで時の体制をゆるがす大事件が勃発する。当時フィレンツェを支配していたメディチ家に対抗するグループが蜂起し、メディチ家の当主ロレンツォの弟のジュリアーノを暗殺したのである。けれども陰謀は失敗。犯人は一年後に捕らえられ、死刑に処せられることとなる。

絞首刑となった死体は、裁判所の壁に見せしめとして吊るされる。ところがレオナルドは、その死体を丹念にデッサンしに出かけたのだった！　周囲はあきれるほかなかったという。けれども彼にすれば、人体を画の題材として観察できる千載一遇のチャンスを、どうして見過ごさなくてはならないのかと、白眼視されることなど気にも掛けなかったことだろう。

やがて、四〇歳をすぎた頃からは、一年に平均して二体のペースで人体解剖とスケッチを行うようになっていき、それは一五年にわたったのだった。いうまでもないことだが、この作業は一日や一週間かそこらで完了するものではない。

むろん、まだ防腐剤や冷却法も開発されていない頃のことである。腐臭がどれほどのものであったか。おそらく私たちの想像をはるかに超えたものだったろう。事実、彼の残したメモには、途中で内臓の一部が腐敗によって原形をとどめていないため、それ以上の剖検をあきらめたという記載がしばしば登場する。

それはとりもなおさず、見ることのできるものはすべて、詳細に彼がスケッチしたということを物語っている。

当時のイタリアには、すでに大学という組織が、できあがるにはできあがっていた。また、医学が正式な科目に採用され、教育も行われていた。ただし、医術と表した方がふさわしいものにとどまっていたのだった。

既成の古代ギリシャやアラビア科学の支配下におかれていたため、さまざまな疫病を、今風に書けば「体液」の過度な集中や欠損で説明するようなものであったと考えれば、あたらずとも遠からずだろう。少なくとも、緻密な解剖図を作って、分析的に病態を把握しようというようなアイデアは夢想だにされていなかった。その頃に、医術師として認められてもいない人間が、しかも大学のような組織にも属さなければ、弟子を動員するでもなく一個人だけの力で、おそろしく体系的な人体の各部位を多面的に描いていったのだった。

周囲から大ひんしゅくをかったのは、当然の報いといえるだろう。神を冒瀆する不遜な行為とののしられることもしばしばであった。江戸時代の日本で、杉田玄白らの蘭学者が『ターヘル・アナトミア』をもとに、処刑された罪人を腑分けしようとした際に非難を浴びたのが、もっと大規模かつ長期的になされたようなものだろう。何しろ一五年の歳月をかけたのである。

しかしレオナルド自身は、まったく正反対の考えを抱いていた。解剖することは、私たちに、われわれの身体に不変なものなど全然なく、かつ不完全な箇所も皆無であることを、教えてくれる。この人体が完全無欠であるということこそ、それが神によって創造されたことの最高の証である。

むしろ、その事実をふまえることなしに疫病をうんぬんすることの方が不遜である、と彼は考えていた。

**私情を捨てる才能**

こうしたレオナルドの業績が、実証主義的な西洋近代科学の出発点となったことは、周知のとおりである。ただし彼にとっては一連の行為は、神が人間を作り給うたことの証明のためであった。レオナルドにとっては、全体が整然とした秩序から成り立っている事実を証明することが至上命題であった。そのためには、人体解剖は不可欠だったのだが、他人の身体を当人のあずかり知らぬところで切り刻むということに抵抗があることは、今も昔も変わりない。

だからこそ日本では、いまだに臓器移植がなかなか普及しないのだろう。西洋でもレオナルド以降もなお長きにわたって、解剖という作業そのものは医師よりも身分の低い人々によって行われる時代が続くのである。医師自身は決して、手を下さない。そういえば、杉田玄白らの場合も、実際の腑分けの作業に携わったのは、当人らではなかった。

解剖のために身体を提供してくれた故人の遺志を尊いものと思いつつも、自らかかわることへのためらいが心の中に喚起されるのを、抑えることができなかったからだろう。いくら神の意志をつまびらかにするためだったとしても、高邁な目的の意義を理屈で理解したところで、実際に単独で解剖にいそしむ、しかも一五年にわたって……、というのはレオナルド以外の常人ではなせるものではなかったに違いない。

他方、彼には周囲の反応に耐えうる「強さ」があったのだった。そしてこの「耐性」とは、つまるところ、周囲とのコミュニケーションをはからなくとも平気であって、自分を貫き通すという「強さ」なのだろうと推測されるのだ。

グローバル化時代といわれる二一世紀においてもなお、人々は外国語の習得に困難を経験している。その際、学習の成否を大きく作用するのは当人が、その言語を話す人々と、どれだけ意思疎通をしたいと願っているかという、動機づけ（モチベーション）の程度であるとされている。モチベーションが高い人ほど、外国語の習得が促進される。

ひるがえって、レオナルドの場合、彼はどこで暮らそうと、そこの人々とコミュニケーションをとろうとする意欲など、まるで欠いていたのだろう。それどころか、「あいつはわれわれのことばも理解しない変な奴だ」と思われても、一向に気にとめなかった。

そもそもそういうことに、関心を持っていなかったと書く方が正しいかもしれない。そしてそんな資質を備えた人物であったからこそ、解剖という白眼視される行為に没頭できたし、私情など斟酌することなく、死体と向き合うことができたのだと考えられる。つまりコミュ障とおぼしき一人の人物のレアリズムによって、科学は今日の形へと脱皮を遂げたのである。

## 落ちこぼれだったアインシュタイン

会話は苦手、そもそも口下手といった点では、レオナルドにまったくひけをとらないのが、アインシュタインである。

そもそも幼少期から、口が遅かった。なかなか話しださないので、両親は医師に相談している。また話すようになったのちも、口数は極めて少なかった。ただし、言語能力自体に障害があったわけではない。

アインシュタインの場合は、レオナルドと異なり、二〇世紀の偉人なので、死後に脳の詳細な解剖が行われているのだけれど、言語障害に特徴的な脳の病変など、一切発見されていない。

六歳で小学校に入っても、教師は彼の知能に遅れがあるのではと、心配しているほどであった。その理由として、

（1）なかなか他の子どもとなじまない。

（2）スポーツに関心をまったく示さない。

（3）暗記ができない。

（4）質問されてもすぐに答えず、もじもじしている。

ということをあげている。

同級生からは「のろま」と呼ばれ、クラスで異端児あつかいを受けていた。無口なので、他の子どもとまじっている限りは、一般におとなしいという印象を与え、心のやさしい子どもと思われがちなものの、その実、まったく正反対な点も持ち合わせていた。非常なかんしゃく持ちで、いったん火がつくと手がつけられなかった。

家族のなかでは、三歳ほど年下の妹のマヤが、その矢面に立つ破目となった。彼女めがけて投げつけられたボウリングのボールを、辛うじてよけたこともあるという。彼女が大ケガをせ

ずにすんだのは、兄が爆発する前に予兆をすばやく読み取って、逃げ出す術を心得ていたからだ。

それでも、彼の顔色がピンクから青色に変わったのによそ見をしていて気づかず、庭仕事用の鍬で頭をなぐられたことがあったという。長じて熱心な非暴力主義者となり、ハエさえたたかなくなった兄を許し、「思想家の妹になるには、がんじょうな頭蓋骨が必要」と彼女は皮肉を述べている。

結局、学校からは「お前がいるだけで、権威が損なわれる」といわれて、追い出されてしまう。アインシュタインの方でも、何かにつけ、教師にたてついていたというから止むを得ない措置だったのかもしれない。後世になってからも彼は、幼少期を回想して、無口だったのは話せなかったからではなくて、「周囲ととりわけ話を交わす必要性がなかったからにすぎない」と漏らしている。まさに、コミュ障の人の典型的なパターンといえるだろう。

ふつうの人間とは、話す必要のあるなしによって、口をきいたりきかなかったりするものではないだろう。おしゃべりとは、とりたてて話す必要もないことをあれこれと話して、時間をつぶす点に本質があるとさえいえるのではないか。おしゃべりをすることそのものが、「友好の証」にほかならない。だがアインシュタインはそういうことには、全然興味がなかったのである。退学ののち彼が、体系立った専門の教育を受ける機会はほとんどなかった。

## スーパーレアリズムの誕生

教育を受けることもなく、特許局の三級審査官という職業にあまんじつつも彼が没頭したのが、空間と時間の構造を考えることなのだった。彼には子どもの時以来、一貫して空想癖があった。いや、夢想と書いた方が正しいだろう。時間があれば、仕事中ですらボーッと夢想することが多かったという。その結果生まれたのが、相対性理論にほかならない。

レオナルドの関心の対象が、人間をはじめ生物というものを成立させている生命の基本構造の解明であったとするならば、アインシュタインの関心の対象は、人間をはじめ生物が生きている、この宇宙の時空間というものの構造の解明だったといえるだろう。それゆえ、レオナルドの眼は私たちの内部へ入っていったのに対し、アインシュタインの眼は、拡散の方向へと展開した。

いずれにおいても、世界の基本秩序をあらわにしたいという欲求にもとづいている点では共通している。ただしレオナルドの場合は、切り開いたならば可視化できる対象をそのままに記載するレアリズムであったのに対し、アインシュタインはいくらがんばったところで人間が見

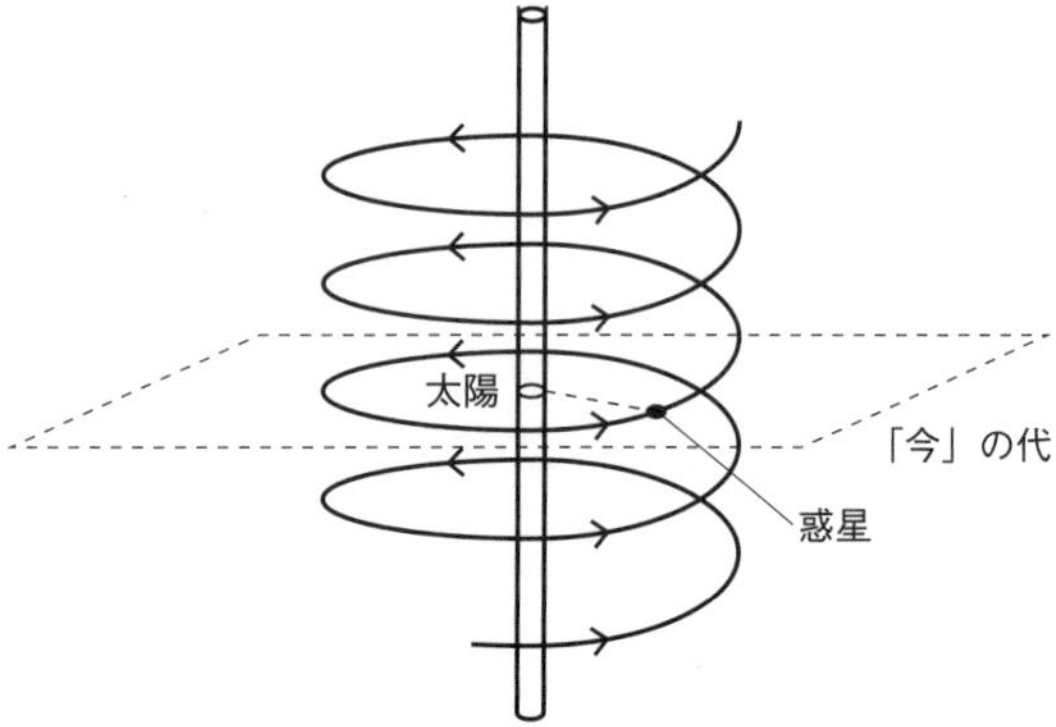


**図3-1　アインシュタインがイメージした宇宙の模式図。自然の真理をひたすら追究した。**

ることのできない、不可視であり続ける構造をリアルな実体として、説明しなければならなかった点が異なっている（図3－1）。それは彼の生きた時代がレオナルドを下ること四世紀のちであったことに起因しているが、もしもレオナルドが二〇世紀に再生して相対性理論の内容を解いたならば、マクロな対称性の秩序もやはり生命世界同様に完全無欠で、神の手になるものであることが明らかになったとさぞ大喜びしたことだろう。

## コミュ障の人が科学研究を牽引する

世界そのものを記述しようと発想するような行為は、およそ人間以外の生き物では望むべくもないものであるけれど、それだけにとどまらず真実リアルに世界を認識するためには、生き物としての情という要素などは、障害以外の何物でもないのである。

そしてオリジナルのアイデアを着想したならば、その具体化に没頭できるエネルギーを持つことが求められる。ある意味では、寝食を忘れるほどの執着が必要である。幼少期のアインシュタインがボーッとしていることが多かったというのも、すでにその頃からいったん何かを思いつくと、その考察にひたってしまう性癖を持っていたからだろうと推測される。

そういえば、エジソンだって学校で先生の話を聞いていて興味をひく話題を耳にすると、もう完全に自分の世界に入ってしまって、あとの授業は聞こうとしなくて、あげくに退学したというエピソードは有名である。周囲のことなど、一向にかまわない。

レオナルドにせよ、アインシュタインやエジソンにせよ共通しているのは、自分のオリジナルの仕事を行うにあたって、誰かと議論したり、また他人の意見を参考にするということが皆無であったということになる。

それゆえもちろん、失敗も多い！

多いというか着想のほとんどは、没だったに違いない。ただし、それにくじけない頑固さを持っていた。ともかく唯我独尊なものだから、いくら失敗しようと、いくら周囲が注意しようと、まったくこりることなく耳を貸すこともなく、試行錯誤してついに彼らのめざすゴールにたどりついたのである。コミュ障の人ならではのなせる業であるといえるのではないだろうか。

こう考えてくると、例のＳＴＡＰ細胞のケースだって、あながち全否定すべきではないということになると私は考えるのだが、いかがなものだろう。彼女の態度は、科学者として偉大なことを達成する人々に、相通ずるもののように思えて仕方がない。

それではどこで道を誤ったのかといえば、今回の着想は失敗であり、失敗なのだからそれを素直に認めて、再トライするべきところを、失敗を成功と言いくるめようとした点にあるのだ。

ではどうして、失敗を成功と言いくるめようとしたのかといえば、何を目的として新しい科学的な世界認識の知見を得たいかという、動機づけの内容が彼女とレオナルドやアインシュタインでは決定的に異なる気がするのだ。

## 『夢十夜』の世界

いや、「彼女」と書くと特定の個人のみが違っているようで、誤解を招くだろう。社会、少なくとも日本の科学者をとりまく社会の雰囲気が、変化してきた。その変貌を象徴的に記した作品が、漱石のなかにある。『夢十夜』という作品がそれである。

文庫本に収まっている、わずか三〇ページあまりのこの作品は当初は、明治四一年の七月から八月にかけて朝日新聞に連載された。その二年後に、『四篇』という短篇集として単行本化されている。

表題どおり、十夜にわたって一人称の「自分」が見たとする夢の記載によって構成されている。第一夜から第三夜までいずれも、「こんな夢を見た」という文で始まることで、よく知られている。その第六夜が、鎌倉時代の仏師の運慶が明治の日本にタイムスリップして登場する話で、この筋もかなりよく知られているから改めて記すまでもない、という気もするのだけれど、短いのであえて全文を引用してみよう。


運慶が護国寺の山門で仁王を刻んでいると云う評判だから、散歩ながら行って見ると、自分より先にもう大勢集まって、しきりに下馬評をやっていた。

山門の前五六間の所には、大きな赤松があって、その幹が斜めに山門の甍《いらか》を隠して、遠い青空迄伸びて居る。松の緑と朱塗の門が互いに照《うつ》り合って美事に見える。その上松の位地が好い。門の左の端を眼障《めざわり》にならないように、斜《はす》に切って行って、上になるほど幅を広く屋根迄突《つき》出《だ》しているのが何となく古風である。鎌倉時代とも思われる。

ところが見て居るものは、みんな自分と同じく、明治の人間である。その中《うち》でも車夫が一番多い。辻待をして退屈だから立っているに相違ない。

「大きなもんだなあ」と云っている。

「人間を拵《こしら》えるよりもよっぽど骨が折れるだろう」とも云っている。

そうかと思うと、「へえ仁王だね。今でも仁王を彫るのかね。へえそうかね。私《わっし》ゃ又仁王はみんな古いのばかりかと思ってた」と云った男がある。

「どうも強そうですね。なんだってえますぜ。昔から誰が強いって、仁王ほど強い人あ無いって云いますぜ。何でも日本武尊《やまとだけるのみこと》よりも強いんだってえからね」と話しかけた男もある。この男は尻を端折《はしょ》って、帽子を被らずにいた。よほど無教育な男と見える。

運慶は見物人の評判には委細頓着《とんじゃく》なく鑿《のみ》と槌《つち》を動かしている。一向振り向きもしない。高い所に乗って、仁王の顔の辺をしきりに彫り抜いて行く。

運慶は頭に小さい烏帽子のようなものを乗せて、素袍《すおう》だか何だか別《わか》らない大きな袖を脊中《せなか》で括《くく》っている。その様子が如何にも古くさい。わいわい云ってる見物人とはまるで釣り合が取れないようである。自分はどうして今時分迄運慶が生きているのかなと思った。どうも不思議な事があるものだと考えながら、やはり立って見ていた。

しかし運慶の方では不思議とも奇体ともとんと感じ得ない様子で一生懸命に彫っている。仰向いてこの態度を眺めて居た一人の若い男が、自分の方を振り向いて、

「さすがは運慶だな。眼中に我々なしだ。天下の英雄はただ仁王と我れとあるのみと云う態度だ。天晴《あっぱ》れだ」と云って賞《ほ》め出した。

自分はこの言葉を面白いと思った。それでちょっと若い男の方を見ると、若い男は、すかさず、

「あの鑿と槌の使い方を見給え。大自在の妙境に達している」と云った。

運慶は今太い眉《まゆ》を一寸《いっすん》の高さに横へ彫り抜いて、鑿の歯を竪《たて》に返すや否や斜《は》すに、上から槌を打ち下した。堅い木を一《ひ》と刻みに削って、厚い木屑が槌の声に応じて飛んだと思ったら、小鼻のおっ開いた怒り鼻の側面が忽ち浮き上がって来た。その刀《とう》の入れ方がいかにも無遠慮であった。そうして少しも疑念を挾《さしはさ》んで居らんように見えた。

「よくああ無造作に鑿を使って、思うような眉《まみえ》や鼻が出来るものだな」と自分はあんまり感心したから独言《ひとりごと》のように言った。するとさっきの若い男が、

「なに、あれは眉《まみえ》や鼻を鑿で作るんじゃない。あの通りの眉《まみえ》や鼻が木の中に埋《うま》っているのを、

鑿と槌の力で掘り出す迄だ。まるで土の中から石を掘り出すようなものだから決して間違うはずはない」と云った。

自分はこの時始めて彫刻とはそんなものかと思い出した。果《はた》してそうなら誰にでも出来る事だと思い出した。それで急に自分も仁王が彫って見たくなったから見物をやめて早速家《うち》へ帰った。

道具箱から鑿と金槌を持ち出して、裏へ出て見ると、先達ての暴風《あらし》で倒れた樫を、薪《まき》にするつもりで、木挽《こびき》に挽かせた手頃な奴が、沢山積んであった。

自分は一番大きいのを選んで、勢いよく彫り始めて見たが、不幸にして、仁王は見当らなかった。その次のにも運悪く掘り当てる事が出来なかった。三番目のにも仁王は居なかった。自分は積んである薪を片っ端から彫って見たが、どれもこれも仁王を蔵《かく》しているのはなかった。遂に明治の木にはとうてい仁王は埋っていないものだと悟った。それで運慶が今日迄生きている理由もほぼ解った。

（講談社文庫『文鳥・夢十夜ほか五編』より）

これが第六夜のすべてである。

**実証主義とデータの意味**

おそらく運慶を先述のレオナルドに、彫刻という行為を解剖に置き換えてみれば、私がこの作品から独断と偏見にもとづいてくみとろうとする寓意《ぐうい》がおわかりいただけるのではないだろうか。また仁王の眉や鼻は、得られた科学的知見、あるいは科学的法則性ないし科学的規則性にあたる。

レオナルドやアインシュタインにとって、それらは、「さっきの若い男」がいうように「作るんじゃない」「埋っているのを掘り出す」のである。そもそも人体であれ宇宙であれ、レオナルドやアインシュタインが作ったわけであるはずもない。二人は、それを構成する秩序をつまびらかにした、すなわち掘り出したのだった。

そしてなるほど仁王を彫刻した運慶も賞賛に値するものの、真に鑑賞されるべきなのは仁王そのものであるのと同じように、科学的な行為についても私たちが感嘆しなくてはならないのは、レオナルドによって明らかにされた人体構造の完全無欠さ、アインシュタインの相対性理論にみる宇宙の時空間を支配する秩序性のはずなのだ。それを誰が発見したかは、副次的な問題にすぎない。

いや正確には、レオナルドやアインシュタインが生きた時代までは、発見された「真実」こそが賞賛されるべき対象であったと書くべきだろう。それが実証主義（positivism）にもとづく態度というものだった。

この英語でpositive（「積極的な」という形容詞）にism（主義）がついた単語がどうして実証主義を意味するのか、日本人にはなんとも不可解な感がぬぐえないだろう。元来はラテン語のpōnō「置く」という動詞の完了分詞positumから派生した単語であることが、歴史的に明らかにされている。つまり「置かれた」状態に徹しましょう、というニュアンスが込められている。

では、誰によって置かれたのかが、問題となる。

神にほかならない。

この世界に存在する物は、すべて神が造りたもうた作物である。そこには自ずから、神の意志が反映されている。けれども私たち人間には、物を目の当たりにしてもそこから神の意志がただちにくみとれるものではない。どうしてかというと、なるほど神の意志に沿う形で作られたとはいっても、時間の経過につれてさまざまな塵芥が周囲に付着してしまった。船の底に貝殻がこびりついたようなものである。

貝殻を掃除してやらない限り、船だってスムーズに航行できない。同じように、塵芥を払ってはじめて人間は、万物について正しい認識を持ち、神の意志を知ることとなる。それこそが実証的態度というものの本質なのだ。

実証主義を貫くものは、神の意志を知り得たということそのものに、喜びを見出すものなのである。

それはまた、科学者が研究によって実際に扱う物が、データ（data）と呼ばれることにも反映されている。data は datum という単語の複数形であるけれど、この datum には今日なおラテン語で「与える」ことを表す dare に由来する含意、つまり「与えられた」というニュアンスが込められている。では誰から与えられたのかというと、もちろん神だ。神から与えられた、いわば仁王の埋まっている薪を彫るのが科学者の本来の役目というわけである。

## 科学の世俗化の弊害

だから、その神聖であるはずのデータを、自分たちの都合に合わせてでっち上げる、なんていうのはとんでもない行為だということになる。少なくとも、レオナルドの生きた頃までならば、神罰が当たると恐れおののいたに違いない。

それが今では、神罰をはばかることなく、実行されるようになっているのだ。それはともかく、科学者が、神の意志を知る、なんていうことを目的とせずに研究を行うようになってきたことと密接に関係しているだろう。では、今日の科学者は、何のために研究をするのか。それは簡単には書ききれないほど多様化を遂げたのだろうか。今日のSTAP細胞の場合に関すれば、自分たちの発見を『ネイチャー』という一流科学誌に載せた上で社会的な賞賛を浴びたいという願望が強く働いたことが、ありありと受け取れるのではないだろうか。

しかもその上、特許の取得をめざした申請を行ったという。科学的発見をもとに、金もうけをしようというのだ。

ひるがえってアインシュタインを考えるに、彼は相対性理論を確立したからといって、その理論に関する特許を取得してはいないのである。彼の本業が特許局の審査官であったというのは、今となっては何とも皮肉なめぐり合わせかもしれない。おそらく世の中の科学者で、もっとも特許申請に精通している立場にあったのだから。

それにもかかわらず自分の研究成果を、特許の対象にしようとは露ほども思わなかっただろう。なぜなら研究を行うのは、発見することそのものが目的だったからである。その限りにおいて、科学的な研究というのは、いわば浮世離れした脱世俗的な行為であるといえる。それが時代を経るにつれて、世俗化の一途をたどるようになった。『夢十夜』の第六夜で漱石の分身たる主人公の自分が、明治という時代において、もう薪をいくら彫っても仁王が出てこないと書いたことの含意の一つには、この世俗化がすでにある程度進んでいることを指しているのだろう。

そして二一世紀の日本においてその世俗化が行きつくところまで行きついた末に起こったものとして、今日のＳＴＡＰ細胞をめぐる顛末を位置づけることができるのだと私は思う。だから、過ちをおかした人物を非難するのはたやすいものの、特定の人間に責めを負わせるのは酷というほかはない。

実験的研究というのは、失敗のくり返しといっていい。ところがコミュ障とおぼしき（おそらくそうと私は思うのだが）人が、突っ走ってしまった。浮世離れした研究に専念していたなら失敗を自分で認めたであろうことを、世俗的成功の幻想に惑わされたあげくの悲劇である。

これに類するエピソードを昨今の日本の大学や研究機関で見つけ出すのは、さして難しいことではない。私の見知っている脳科学者にも、若くしてすぐれた研究をして教授になったとたんに研究資金の調達と学界での栄達に奔走し、まったく研究ができなくなってしまった人がいる。そのくせ、周囲に対しては瑣末なことに口うるさくて、嫌がられているが、当人は一向にそれに気がつかない。

ここから得られる一つの示唆は、コミュ障の人をめぐるトラブルは、世俗にまみれることから生まれるということだと考えられる。そのために、コミュ障の人ならではの資質が活かされずに終わってしまっている。その資質とは、先述した、「思い込んだら没頭する」という不屈のエネルギーのみにとどまらないのである。

## 「チラ見」するコミュ障の人

あの人はコミュ障なのではないかと、周囲が判断する根拠の一つに、視線（まなざし）の問題がある。「ふたりで顔を突き合わせて会話を交わしているというのに、まったくこちらに視線をやろうとしない。話をしていても、あらぬ方向を向いているような印象がある。自分に話しかけられている気が起きない」という感覚が湧き、「コミュ障の人なのでは」という結論にいたることが、しばしばある。

確かに相手の目を見ずに話をする人が少なからずいるのは事実だろう。あいにくまだ、体系的な調査結果というのは報告されていないものの、私も同じような印象を抱いているひとりにほかならない。

そこで第1章で紹介した実験に参加したようなコミュ障の人で、かつ周囲から視線が定まらないままに生活していると判断された小学生に協力してもらい、本当にふつうの子どものように話し相手を見ていないかを検討してみることにした。

ひとりずつ、テレビモニターの前にすわってもらうことにする。モニターには、映像が流れる。二通りの刺激が用意されていて、いずれでも若い女性がパントマイムをするのでその意味を考えてもらうのだが、一方では彼女の顔が斜め方向から撮影されていて、眼は被験者の方向を向いていない。かたやもう一方の映像では、彼女が真正面から撮られているので、モニターをみつめると視線がばっちり合うことになる。その上で、被験者の視線が映像の流れる間にどのくらい彼女の顔に向くかを、アイカメラを用いて計測してみたのだった（図3－2）。

もしも本当にコミュ障の子どもが相手の視線を避けるのなら、ふつうの子どもより注視時間は短くなるはずである。

ところが結果は、予想に反して図3－3のようになったのだった。コミュ障の子どももそうでない子どもも、まったく差はないのだ。

モニターに映し出されている女性が、あらぬ方向を向いている時の方が、しっかりとこちらを向いている時よりも、見る側はしっかり相手を見つめる傾向が見てとれる。やはり人間は、

(a)　　　　(b)

**図3-2　視線（まなざし）の課題に用いられた刺激の例。パントマイムをしている女性を正面から撮影した場合（a：視線が合う）と、斜めから撮影した場合（b：視線が合わない）での注視時間を、ふつうの子どもとコミュ障の子どもで比較した。**

向こうがこちらに目を向けていると思った場合の方が、視線を合わせるのを避ける反応をすることがうかがえる。社会的感受性というもののなせる業だろう。だが、この傾向は視線を回避している印象がより強い人でも同じであるらしいのだ。

この結果から、何が示唆されるのか？

私たちが、「あの人はこちらを見ずに話をする」という印象を持つ人物も、他の人と同じ程度に、こちらを見ているようなのである。ただし通常とは、視線のやり方が異なる。せわしなく、いわゆる「チラ見」を行っていると思われる。

もちろん「チラ見」には、ふつうの見方にはない特徴がある。要はふつうの場合、人間

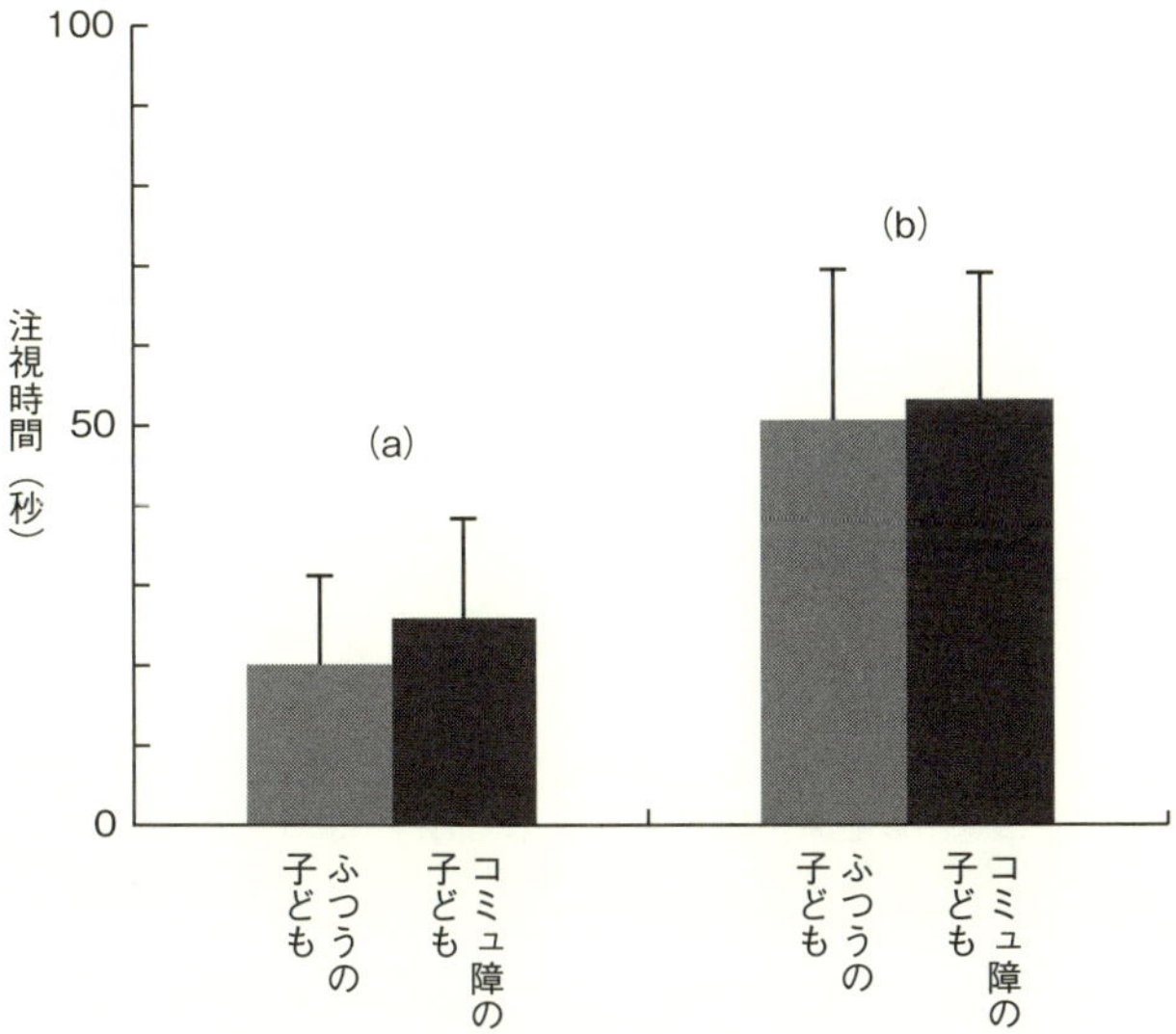


**図3-3　刺激への注視時間の結果。正面から撮影された映像を呈示した場合も、斜めから撮影された映像を呈示した場合も、ふつうの子どもとコミュ障の子どもで差はなかった。**

は話している相手の顔を全体として見るのに対し、「チラ見」の人はいっときに全部を見ようとはせず、部分ごと（パーツごと）に、眉、鼻、口と順に見て回っているらしいのだ。それで最終的に顔をどのくらいの時間見たかを合計してみると、チラ見でもそうでなくても、値に差がなくなってしまうのである。

図3-4　パーツに依存した顔の認識実験に用いられた刺激の例。視覚探索課題（左）に加え、怒り顔の眉の形を探させた（右）。

**コミュ障の人に特徴的な顔記憶**

これは、単なる推測の話ではない。実際にコミュ障の子どもの方が、顔の各パーツに「こだわっている」ことを証明する実験の結果を紹介しよう。図3－2の実験に引き続いて、同じコミュ障の子どもを対象に、今度は顔をパーツ別にどのくらい正しく記憶しているかを調べてみたのだった。

刺激は、図3－4に示されているようなものを用いた。まず最初に行う課題は、第1章に書いたのとまったく同じ、視覚探索課題で、図3－4の左側の刺激の場合ならば、一つだけほかと異なる怒り顔をできるだけ早く探し出す、というものだ。むろんコミュ障の子どもは、そうでない子どもより探索に時間を要する。

これだけなら今までと変わらないのだけれど、今度の実験にはこの続きがある。一回ずつ視覚探索課題を行ってもらった後、三分間の休憩時間を置き、図3－4の右のような二つの図を呈示する。そして、「先ほど見つけてもらった怒り顔の眉と同じなのは、二つのうちどちらか答えてください」と尋ねるのである。

誰が見ても、この二つが左のたくさんの顔の眉を表しているのは、明々白々だ。ただし、その傾きは互いに違っていて、一方のみが左の怒り顔のそれと合致する。図3－4の場合なら、右と答えるのが正解ということになる。

こういう試行をくり返して、正答率をコミュ障の子どもとそうでない子どもで算出してみると、図3－5のようなグラフになった。

なんとコミュ障の子どもの方が値が高い。つまり、より正しく記憶しているのである。

**パーツに依存した顔認識**

図3－5に示された結果は一見、第1章で紹介した結果と整合性を持たないものに見られるかもしれない。だって怒り顔そのものを見つけるのには、コミュ障の子どもの方が時間を要す

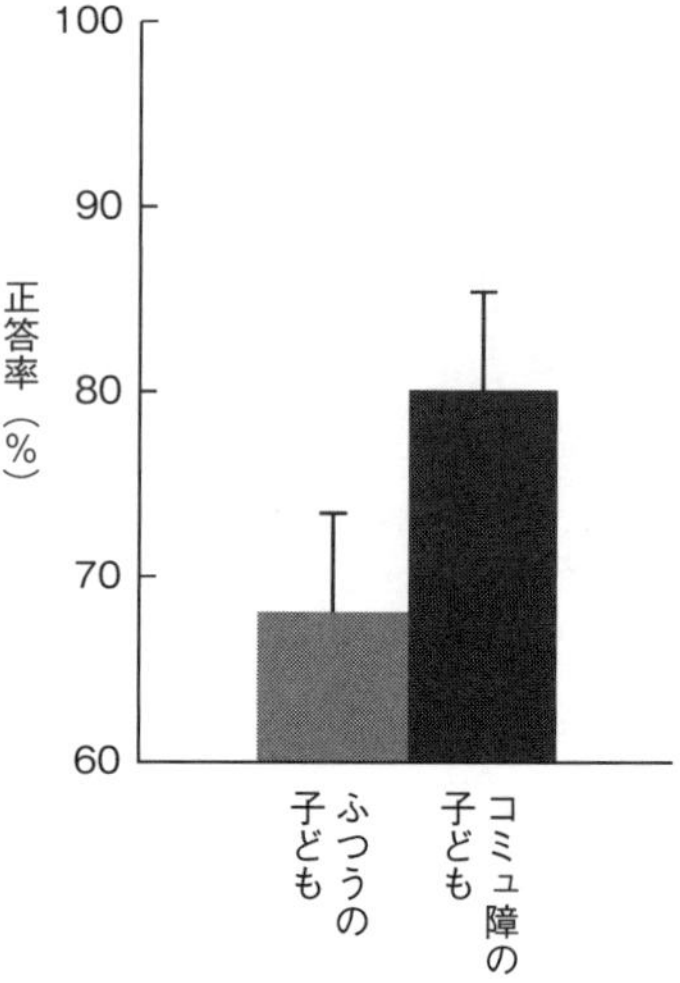


図3-5　怒り顔の眉の形を探す実験の結果。図3-4左の視覚探索課題では、最初の実験の結果（図1-2参照）と同様に、コミュ障の子どもはふつうの子どもに比べ怒り顔を見つけるのに時間がかかるが、怒り顔と同じ眉の形を探す課題（図3-4右）では、圧倒的に正答率は高くなる。

るのだから。けれども決して、矛盾してはいないのである。

怒り顔を他の顔と区別して、それと認めるために求められるのは、眉、目、鼻といったパーツがどういう形で顔の輪郭内に配置されているかを、全体として把握するということなのである。ふつうならば、人間は顔を見たとき、まずこの作業を瞬間的に行うらしい。その際、個々のパーツがどういうパターンであるかというディテールの情報は、記憶にとどまらない。

ところがコミュ障の子どもはというと、表情認識をなすにあたってまったく反対に、それぞれのパーツを見て回って、どれが怒り顔でほかの刺激と異なるのかの判断を下しているのである。

だから探索には、より長く時間がかかる。そして順次ていねいに見て回ったものだから、それぞれのパーツについてはよく覚えている。

このふつうの子どもの行っている、全体を「ぱっと見て」という情報処理を可能にしているものこそ、皮質下（動物的な）回路の役割である。そのため、部分ごとの仔細な内容は抜け落ちている。

他方、コミュ障の子どもは皮質下回路に頼らず、皮質（人間的な）回路に依存しているものだから、つぶさに見るのだけれど、全体の刺激布置についてはもう一つピンとこないままなのだと考えられるのだ。

そしてコミュ障の子どもとそうでない子どもの認知機能の相違は、対象が顔だけにとどまらないことも、わかってきた。大げさな表現をするならば、両者の違いは外部環境（世界）全般に拡大できるものなのである。

どうしてそんなことがいえるのか？

図3－6のような二つの図を、被験者に呈示してみることにする。その上で、描かれている

アラビア数字が二枚で異なるか、同じであるかを答えてもらうという、いたって単純な実験を二グループの子どもで行ってみたのだった。

もうおわかりのように、いずれの図に描かれている数字も、一種の「二重構造」をなしている。小さな数字がいくつも配列を形成して、一つの大きな数字ができあがっている。

上の図では「2」という小さな数字が並んで、大きな「2」という数字ができあがっているのに対して、下ではやはり「2」という大きな数字が描かれているものの、構成単位は「5」

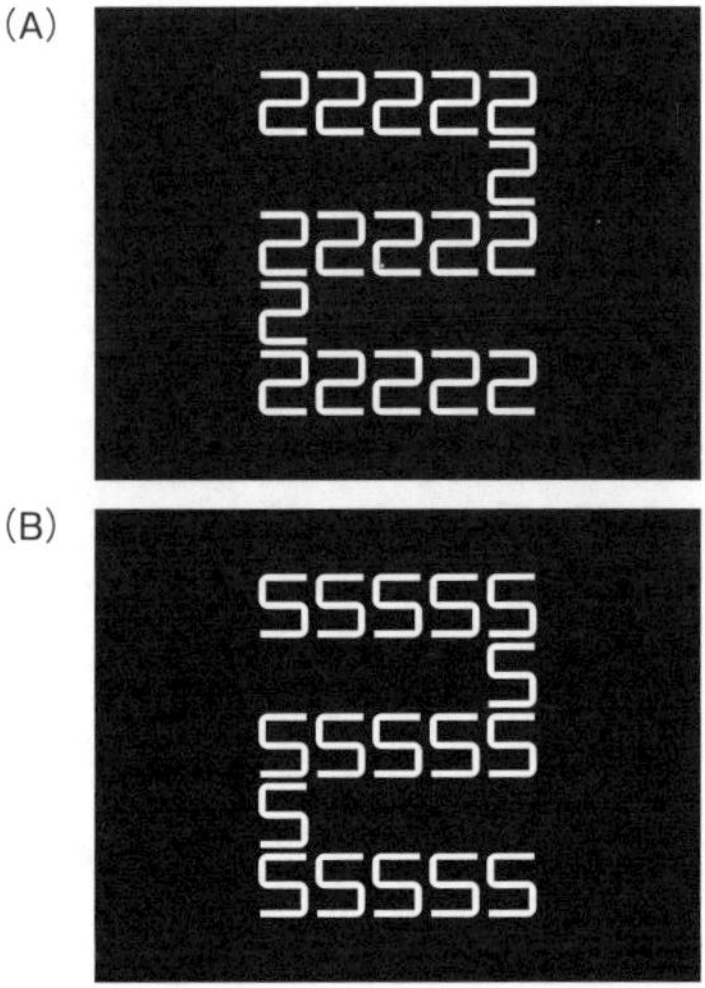



図3-6 「木を見て森を見ない」実験に用いられた刺激の例。小さな数字の「2」で構成された大きな数字「2」と、小さな数字の「5」で構成された大きな数字「2」を呈示して、2つの数字が「同じ」と答えるか「違う」と答えるかの反応を調べた。

という数字である。そこで二つの数字が違うか同じかを二者択一で聞いたところ、次のような結果になった。

## パーツにこだわる世界認識

上下に描かれた数字を同じととらえるか、異なるととらえるかの分岐点は、刺激をパッと見た瞬間に呈示されたパターンをまず全体を通してグローバルに把握するか、それとも部分に（ローカルに）着目するかによって決定される。

つまり前者の仕方で把握すれば、いずれも「2」なのだから、「同じ」と判定される。かたや後者の仕方によるならば、上の図は「2」であるのに対し下の図は「5」なのだから、「違う」ということになるが、コミュ障の子どもではそうでない子どもよりも実際に、「違う」という回答が増加する事実が判明したのである（図3－7）。

顔というような社会的刺激にとどまらず、人工的な対象であってもコミュ障の子どもは、部分優先のローカルな認識パターンを示すことが、明らかだ。

「木を見て森を見ず」ということわざがある。前述の実験はまさに「森」という一文字を呈示したところで、それを「木」が三文字ありますというふうに、コミュ障の子どもならとらえる

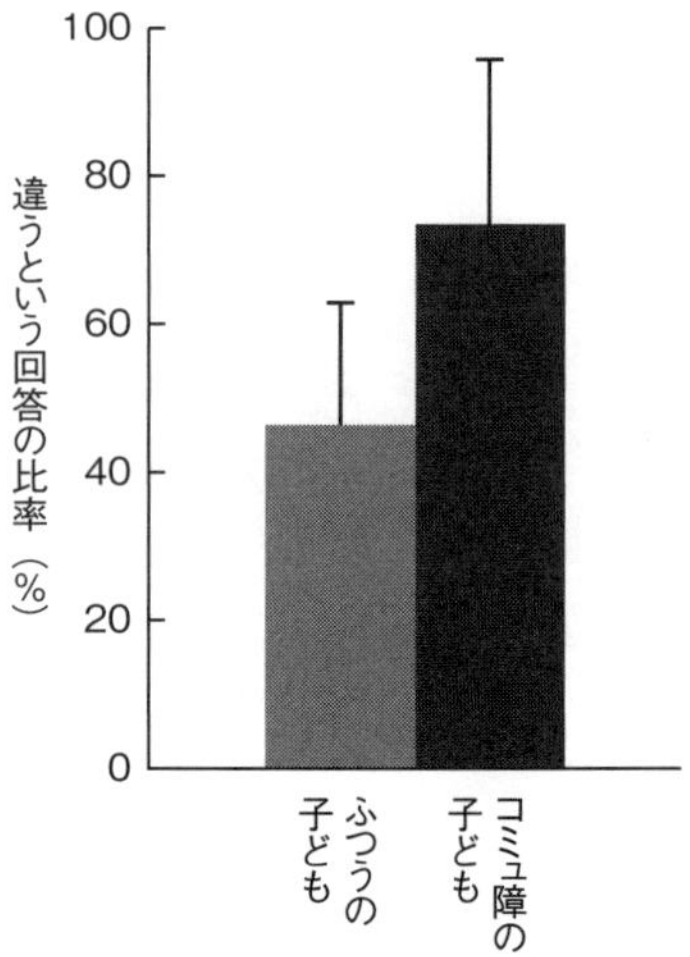


**図3-7　数字が「違う」と回答した割合。コミュ障の子どもはふつうの子どもに比べ、2つの数字は「違う」と答える割合が高い。全体より部分に注目することを物語っている。**

かもしれませんよ、という可能性を示唆しているのである。

　ひるがえって「コミュ障の人は、相手の目を見ずに会話する」という事実を考えるに、コミュ障でない人が相手の目をじっと見続けながら会話するのは、向こうの顔の真ん中に注意を向けていつも全体を把握しようとする態度の反映であることに思いいたるのだ。それに対して、部分をチェックしてまわるならば、視線が定まらないようなのもしごくもっともなこととなる。

　むろん「木を見て森を見ず」という表現に否定的なニュアンスが付与されているのは周知のとおりである。「細かいことにこだわりすぎると、大局を見誤るぞ」というような意味合いだろう。

確かにそういわれると、「あの人はコミュ障なのでは……」という人物には、細かいことに不可解ともとれる「こだわり」を示すことが往々にある。服装一つをとっても、必ずシャツのボタンをいちばん上の首回りまでかける男性は、首もとがきちっとしていないと気がすまないらしい。それでは几帳面なのかというと、ズボンからシャツがはみ出していても一向に無頓着だったりする。そのアンバランスが、周囲にはまったく理解できない。

あるいは出勤時には、同じ材質で同じ無地のスカートをはいて一年間を通す女性などもそうだろう。別に、おしゃれに関心がないわけではない。ただし働くときには、そのスタイルでないといけないという、他人にはなかなかわかりづらい信念のようなこだわりを持っていたりする。

コミュ障でない者からすれば、「瑣末」ととれることをコミュ障の人が金科玉条のごとく尊重するので、トラブルのもとにもなるのだけれど、情報処理回路の進化という視点からどちらがより人間特有のものの見方であるかと問われれば、それは「木を見て森を見ない」方がより人間的であることは、ほとんど自明に近いだろう。

## 博士からオタクへ

それでなくては、近代実証主義精神を象徴する教えとして「親愛なる神は細部に宿り給う（Der liebe Gott steckt im Detail）」というスローガンが普及することは、なかっただろう。人間に与えられたデータには、その細部にいたるまで、神の意志が行きわたっている。その意志を知ろうとする者は、己の先入観を可能な限り排除してデータに向き合わねばならない。図3－6を見て、「2」という自分の判断に何の疑問もさしはさまないようでは、いけませんよという教訓なのだ。

現にレオナルド以降の近代科学の流れのなかでは、世界の事物や現象をまず分類することから出発したのであるし、その際に複数のカテゴリーに分けるという作業では、コミュ障の人たちが主要な役割を果たしたと考えられる。

日本人ならばさしずめ、南方熊楠などを代表格としてあげることができるだろう（図3－8）。明治維新の前年、和歌山に生まれた彼が、大学に行くことなく海外を放浪、帰国ののちは和歌山県の田辺に住んでキノコや粘菌の研究にいそしみ膨大な標本のスケッチを残したことはあまりによく知られている。風体を含め、生活の詳細にはまったく頓着せず、昭和天皇にキヤラメルの箱に入れた標本を献上したエピソードも有名である。

職に就くこともなく、むろん学位も取得しなかったし、そもそも粘菌などの新種を発見したところで記載論文はほとんど、公刊していない。市井の人で一生を終えた。この熊楠のように生計を立てることとは関係なく、ただ宇宙・世界を知るためにその橋わたしとなる対象物の分類に挑んだ在野の人物というのは、チャールズ・ダーウィンをはじめとして、数えだすと枚挙にいとまがない。

**図3-8　南方熊楠（1867～1941年）。和歌山県に生まれ、キノコや粘菌の研究にいそしみ膨大な標本のスケッチを残した。**

たとえば、世間をわたる術はまるっきり持ち合わせていない一方、サカナについてとなると、もう名前を知らないものは何もないという「サカナ博士」が、学界に関わることもなく市井に暮らしているというのが、決して珍しいものではなかったのだった。それがここ数十年で、「○○博士」なんていう表現を、めっきり耳にする機会がなくなってしまった。

代わりに登場したのが、「オタク」ではないだろうか。「サカナ博士」が「サカナオタク」にとって代わられたのだ。そして博士という呼び方には、何がしかの敬意と親愛の念が込められているのに対し、オタクにはどこか軽蔑のニュアンスがあるように感ずるのは、私だけだろうか。

プラモデルの戦闘機オタクは、零式戦闘機の21型と52型のわずかな違いに、こだわったりする。「わずか」と書くと失礼にあたる。本人には、その違いが大問題なのだ。ゼロ戦と隼の相違など、論外であって話にならない。

軍艦マニアは、空母瑞鶴を仕上げるにあたって、どの年代の塗装パターンにするかに真剣に悩んだりする。プラモデルに興味のない人にはまったくどうでもいいようなことが、当事者には胸おどる楽しみなのだが、こうしたテイストの持ち主は、洋の東西を問わずいつの時代にも存在した。

にもかかわらず、ごく最近になって少なくとも日本では、肩身が狭い思いをするように社会が変わってきた。その端的な徴候を私たちは、オタクあるいはコミュ障という表現に見ているのではないだろうか。

もっとも「オタク」という呼び方に昨今では、以前ほどには「ネクラ」などのネガティブなニュアンスが込められなくなってきているというのも事実には違いないだろう。けれども、どうして「ネガティブ」とは受け止められなくなってきたかとつらつら考えてみれば、それは「オタク」でもＦａｃｅｂｏｏｋに代表されるＳＮＳで、自分たちの活動を発信できるからということに思いいたるのである。だから、自己満足に終始しなくなった、という。

しかしながら、なまじ周囲の反響を意識することは、決して状態を好転させないことをＳＴＡＰ細胞の事件は教えてくれている。コミュ障の人は、加速度的に世俗にまみれるようになっており、状況はむしろ悪化の一途をたどっているのである。

第4章

# コミュ障とひきこもり

## 空間との絆の形成

## 知的活動の本末転倒

ある分野に異常に詳しい人が「○○博士」ではなく、オタクと呼ばれるようになったゆえんは、その独特の細部へのこだわりがオタクではない人には理解困難であり、自己完結的であるためと考えられる。「わかる人にしかわからない」ということが、今は好ましいことではなくなってしまっているのだ。

今の世に、さしずめ南方熊楠が再生してきて、粘菌やキノコの収集に熱中するあまり、風体もかまわず近所の山野を歩き回り、コレクションの増えるのを自宅で眺めては、ひとりニンマリとほくそ笑んでいるとしよう。あるいはサカナ博士が、同様にサカナの標本作りに寝食を忘れ、悦に入っているとすると、周囲からは「キモい」という反応が返ってくるのではないだろうか。

それでは、キモくないように思われるためにはどうすればいいかというと、「情報を発信」しなくてはならないのである。つまり、周りのみなさんにわかっていただくための努力が、不可欠となってきている。SNSを利用して、Facebookにブログを公開したり、ツイッターでつぶやいてみたりする。

その上で、フォロワーが何人になったか、「いいね！」がどれだけついたかで、その人のしていることの「評価」が定まる。そもそもレオナルドも熊楠も、他人に見せるつもりなどさらさらないままに、死体や粘菌をスケッチしたのだが、今それを実行すると、ネクラオタクのレッテルを貼られてしまう。

私たちのような、大学の研究者とて、例外ではない。たとえば、『ネイチャー』を出版している出版社の学術専門誌で論文を発表すると、直後から世界でどれだけの同業者がネットでその論文を見たかとか、どれだけツイートされたかがわかるシステムになっている。さらに注目度のランキングまで査定してくれる念の入れようだ。データは日々更新される。科学者もトレンドを追っかけましょうと、出版媒体自体が奨励しているに等しい。

世界でほんのわずかな人しか今のところは関心を持たないテーマを、こつこつ地道に追い求めてなんてことは、プロ世界でもアマチュア世界でも、できにくい状況になってしまっている。その事実が如実に露出したのが、ＳＴＡＰ細胞をめぐる事件にほかならない。

ＳＮＳのようなシステムにはまると、何とか発信できる情報はないかと、「ネタ」を探すために活動するようになる。研究者も論文を出す、しかも注目されるものを書くためにテーマをあさるようになってしまった。知的活動は世俗化し、ＩＴが普及したことで完全に本末転倒をきたしている。

### コミュ障から「ひきこもり」へ

しかも現代日本では、コミュ障の人が「コミュ力」に頼らずに生計を立てようと考えたところで、なかなか見合った職種を見つけにくくなっているという事情も、絡んでいる。

民俗学者の柳田國男は、第二次世界大戦前の東北の農林業に携わる人間について、一日に一〇語のことばを発するかどうかというぐらい無口であったと記録にしたためている。だが今日では、日本で農漁村の一次産業従事者が人口に占める割合は五%を切り、平均年齢は六〇歳をはるかに超えている。かたやサービス業に従事する人間が全労働人口の七割におよぶ勢いを示しているそうだ。

日本は国土の広さそのものを比べる限りは、ドイツに匹敵するものの、農耕に向いた土地となると、極端に限定される。戦後の農地改革によって自作農が普及したものの、一人当たりが所有できる面積は、とうてい一年間の生活を十分にまかなえるまでには達しなかった。結果として、「出稼ぎ農家」が大量に生み出され、みんなが都市に集まった。誰もが社交性を必要とする職種に、強いあこがれを抱くようになった。

就職をめざして「コミュ力」を磨くセミナーが流行するはずである。いや就活以前、すでに学生生活においてすら、友人とのコミュニケーションが大きな比重を占めているらしい。学生食堂（学食）で食事する際に、ひとりで座るというのは非常に「みっともない」ことであるという。共に食事してくれる友人がいないことを、告白しているようなものだからしい。「便所メシ」ということばがあり、友人のいない学生は止むを得ず個室トイレで食事する、というのは決してフィクションではなく、私の研究室の学生は、京都大学のキャンパスの女子トイレに入ると、実際にパンなどを食べた形跡が残っていると話している。

コミュ障の人には、ストレスの多い日々であることがうかがえるエピソードである。そう考えてくると、「ひきこもり」と呼ばれる人が少なからずいるという現状も、当然の成り行きのように思えてくる。一〇〇万人を超えるという数も決して突飛なものではないだろう。周囲とのコミュニケーションを苦手とするならば、可能な限り交流を遮断してしまうというのも、一つの心の安定を保つ方策だということになるからである。

「最近、コミュ障の人というのは増えてますよね」といった質問をされることがしばしばある。これは、答えるのがたいへん難しい問いである。過去に比べて、日本人の平均的なコミュ力は落ちたのか？

よくわからないけれども、おそらく反対にコミュ力は向上したという印象を持っている。しかしながら社会が私たちに求めるコミュ力もやはり要求が高くなっていると思われる。しかも、私たちの向上した分よりも、もっと高いスキルアップが求められるようになってきている気がする。

そもそもコミュ障の人とそうでない人というのは、「この人はコミュ障、あの人はそうでない」と明確に線引きできるものではないのである。生活している環境によって、「この程度のコミュ力が必要」というふうに、変化する。それがコミュニケーションに比重を置いた生活スタイルへ移行するなかで、コミュ障と判断する標準ラインが低くなった結果、コミュ障の人が増えたように映っているのかもしれない。

そして、ひきこもりが深刻な社会問題となってしまったこともこれと無関係ではないだろう。

### 根底にあるコミュニケーション不能感

もっとも果たして一〇〇万人ともいわれる、日本のひきこもる人たちのどれだけがコミュ障の人なのかは、よくわからない。ひきこもる人の実態調査などは、今まで行われてきていないし、そもそもひきこもっている人に第三者が何かを尋ねるということ自体、はなはだ困難を極めることだ。

私自身も、ひきこもっている人あるいは以前にひきこもっていた人と接した機会は限られていて、その数は五〇人にものぼらない。それゆえ、乏しい経験をもとに一般化したことを書くのは、はばかられるのだけれど、当人が果たしてコミュ力が乏しいかどうかはさておき、「自分はコミュニケーションが苦手である」という自己認識を抱いている人が、ひきこもる人の大多数を占めるのは確かである。

さらにもう少し踏み込むと、ただ苦手と感じているだけでは、ある時期を境にして、ひきこもりの状態へ陥るにはいたらないとも感じている。やはり何かの「きっかけ」がある。

それはどういうものかというと、「それまでは、周囲の人たちは自分の『味方』だと思っていた。ところが、そうではなくて、自分が思っていたほどは、自分のことをこころよく思っていないことが判明した」というようなショッキングな事件を契機に、ひきこもってしまうのが典型的なパターンであるらしい。

ただしやっかいなのは、「味方」だと受け止められていた当事者に尋ねてみると、それは向こうの勝手な思い込みというケースが少なくないのである。つまり、ひとりよがりという場合も少なくないのだ。

そして、このようなコミュニケーションギャップが頻繁に、コミュ障の人を巻き込んで起こるのも、やはり事実なのである。

それというのも第2章で書いたように、コミュ障の人は相手が怒ったり、不快な表出をしているにもかかわらず、それへの感受性に欠ける。それどころか、好意的だと誤解することすら珍しくない。

相手にすれば、日ごろから「いい加減にしてほしい」と感じていて、現にそれを発信している。だが向こうは、気づかない。やり取りのくい違いが高じることはあっても、減ずることはないのだ。

だから、やがて何かのきっかけで爆発することがあっても全然おかしくない。ところがコミュ障の人からすれば、これがすごいショックであったりする。自信を喪失する。

ひきこもる人には、周囲を「あの人は『味方』、この人はそうでない」と明確に線引きする傾向の強い人が、多く含まれている印象を受ける。ところが、そのうちの「味方」だとレッテルを貼っていた人物がそうでなかった、という事実を思い知らされる。するともう、誰と友人関係をとり結べばいいのか、途方にくれてしまうのである。このとき途方にくれる程度は、当人が実際にコミュ力に欠けるほど当然激しくなる。

そこで、一切の周囲とのコミュニケーションを絶つという挙に出る。ひきこもるといっても、完全にとじこもるとは限らず、程度はさまざまだ。ただいずれにせよ、ごく範囲の限られた「味方」とのみ交流する、というように生活スタイルの大きな変化が起きるのだ。

**適応行動としてのひきこもり**

自分の部屋あるいは家で、一日の大半の時間を過ごし、ほとんど社会的交流を絶つという生き方を社会一般は、奇異ととらえているふしがあるけれども、私はとりたてて不可解とは感じていない。周囲が不快なものに満ちているという認識を抱いたとき、適応的な対処法であるとすら解釈できるだろう。

ひきこもりがおおむね、思春期に達する頃以降に生ずる現象なのは、よく知られている。しかしそれ以前の発達期にある子どももまた、ストレスが極限に近いレベルに達した際には、からだが不快状態に対し特異的に防御反応を示すことは、あまり知られていないようである。

まず零歳から一歳あたりの乳幼児には、ともかく眠るという反応が生ずる。眠くて眠るのではなく、あえて覚醒を遮断するために眠るのだ。

ためしに、目がパッチリとあいた状態の零歳児のそばにスピーカーを置き、大音量で騒音を流してやればいいだろう（こんなことは、とてもおすすめできないが）。すぐに子どもが寝入ってしまうに違いない。赤ちゃんを寝かしつけるにあたって保護者は、懸命に音を立てないように努めたりする。あれはまったくの逆効果なのだ。反対に子どもは、ますます覚醒する。

ずいぶん前になるが、民放のテレビ番組で「裏ワザ」を披露する企画があり、「赤ちゃんをすぐに寝かしつけるヒケツ」を尋ねてきたので、「パチンコ屋に連れていけばよい」と教えたところ、「実際に試したら、そのとおりでした」ということだった。スタッフはたいへん喜んで収録したのはよかったものの、いざオンエアというところまできて、「モラルとしていかがなものか」と横ヤリが入り、没になったらしい。

もう少し大きくなり、三歳以降では、あまりに不快に感じる時期が続くと、脳がその間のできごとを記憶しなくなるように働く。もちろん三歳以前では、どんな子どもでも成長してからはほとんど何も覚えていない。それと同じ状態が続行すると考えればよい。

その典型が、虐待や家庭内不和に巻き込まれた子どもの場合である。幼少期から断続して暴力をふるわれたり、自分は巻き込まれないにせよ家庭内暴力（ＤＶ）を身近に見聞きすることが絶え間ないと、そもそも十分な記憶能力が発達していかない。

また、たとえば小学校に入学し、ある時期から同居するようになった家族がいて、その人から暴力をふるわれたりし、そののちそこからのがれて別居したりすると、暴力被害にあった特定の期間内だけの記憶が、すっぽりとぬけ落ちてしまうことが往々にして起きる。

あまりに辛すぎると、人間の体の防御反応が作用して、情報をシャットアウトしてしまう。そんな悲しい思い出を日常的に反芻しながら生きていくことを、生物としての人間の身体が拒絶する。適応能力が備わっているのだ。記憶の貯蔵というのは脳のなかでは、海馬といわれる領域で機能がコントロールされていることがわかっている。その海馬の機能が抑制を受けるのだとされている。

もちろんこんな経験が、私たちの心の発達によいわけはない。だから虐待や家庭内不和の経験者の知能は、平均より低くなることが少なくない。それは、虐待や不和で学習の時間や機会が十分に与えられなかったからではない。だが標準レベルにまで知的能力が発達して、自分の置かれた境遇の悲惨さに心がひき裂かれる思いをして生きるよりはましだろう。そういう、いわば取引を自然が行うのである。

けれども思春期に達する段階ともなると、体も心もおおむね発育を完了しようとしているわけで、今さら不快なできごとの記憶を拒絶することはもうできなくなってしまっている。まして「眠れる森の美女」のお姫さまのように対応することも、不可能である。そこで出現する、新たな対処法こそひきこもるという方策であると、考えられるのだ。

## 「なわばり型」の心の安定法

ひきこもる人の生活スタイルの本質は、自分の居場所について、ひきこもらない人にはないような強い執着・愛着を示す点にあると、考えられる。

かたやひきこもらない人というのは、周囲との社会的なコミュニケーションを通じて、情緒的な交流を行い、心の安定を得ている。こちらの方が人間全体では、大多数が採用している方策である。けれども、ひきこもる人は、自分がそれに向いていないと判断した、あるいは絶望した。それゆえ限られた特定の空間を占拠して、空間と心を結びつけ、そのなかにいることで心の安定を得ようとする。

その空間内にいる限り、自分が王様である。そこでひとりですごす、あるいは限られた味方である人物とのみ交流する。これはごくありきたりの日々を送っている人々には、なんとしても理解しがたい生活スタイルのように映るかもしれないものの、人間以外の霊長類を含む高等脊椎動物の社会全体としてはさほど珍しいものではない。

日本人にとってふつう霊長類といえばサル、しかも日本列島には野生のものとしてはニホンザルしか生息していないので、野猿公園でのような群れている生活が、標準的なものと想像しがちかもしれない。けれどもあのような多数の個体がひしめきあうような社会が、すべてではない。まったく正反対のパターンも存在する。それが、なわばり型の社会生活と呼ばれるものである。群れ生活の対極をなすものと書いても、誇張ではないだろう。

高等脊椎動物が、群れ型となわばり型のいずれの社会生活を選択するかは、つまるところ何を犠牲にし、何を取るかによって決定されると考えられている。

もちろん群れと一概にいっても、そのサイズは多様である。けれどもいずれにせよ、別の群れとある程度の距離を置く一方で、同一の群れ内の者はよりそって時間を過ごす。多くが集まっているために、群れの周りによく目が届く。危険を察知することが、容易になる。つまり身の安全の保障度が高くなる。ただしその代価として、資源確保の側面では個体間の競合が激しくなってくる。

それゆえ、無用な競合を回避する仕組みが作られるにいたっている。それが個体間の優劣の順位にほかならない。群れ内の個体は互いに、だれが自分より優位か、だれが劣位かを熟知している。

順位関係の維持は、おのずと個体間の社会的な緊張をもたらす。優位個体は、自分の力を誇示する必要に迫られるし、劣位個体は、自分より優位な個体に対しては、擬人的に表現すると「顔色をうかがう」不断の努力を惜しんではならない状態にある。もちろん、よりプレッシャーがかかった状態にあるのは、高順位よりも低順位の個体の方である。彼らが気まぐれともいえる高順位個体からの圧力を上手に回避しつつ、資源の確保にありつく努力を行うことで、群れはまとまりを保っている。

一方、なわばり型の生活では、そこに生活する個体が、このような気配りをする必要はまったくないといっていい。一つのなわばりが他のなわばりと地域を重複させることは、まずない。すなわち、ある特定のなわばりで生活することは、特定の地域を占有することを意味する。それぞれのなわばりの中で生活する個体の数は限定されていて、多くて数個体、単独という場合も稀ではない。しかも、それぞれのなわばりの内部では、その所有者が王様である。

たとえば、Aという個体がなわばりを形成したとすると、他の群れからどんなにパワーのあるBという個体が入ってきたとしても、Aのなわばりにいる限り、Aの方が圧倒的に優位なのである。Bは必ず追い返される。地域に密着したホームグラウンドの中だから、王様は心情的に優位に立つ。

ただし、AがCという個体のなわばりへ入っていくと今度は、Cにたちまち追い返される。だから自分のなわばりを築いてしまうと、その内部では絶対的な心の安定は保たれるものの、広さは限られるため群れ生活の場合のように広く遊動できないから、資源の確保は大きく制約を受けることとなる。さらに、周囲を警戒する目も少ないから、捕食動物に襲われる危険度も非常に高くなってしまう。

つまるところ高等動物というのは、社会的な緊張を代価にしてでも豊富な資源を望む群れ生活か、資源も乏しく危険度も高いが、安心できるなわばり生活かのいずれかを選ぶ宿命におかれているのだ。

その際、ひきこもる人は、後者を選んだということにすぎない。

## アユの生活との類似性

日本人に親しみのあるニホンザルでは、なわばりを形成することはない。それは彼らの摂取する食物が木の実中心で、広く遊動しないととても一年を過ごせないからだと考えられる。ところが同じく日本人になじみのある淡水魚のアユとなると、生活スタイルは環境に応じて多様に変化する。

彼らがなわばりを形成することは、釣り好きの人なら誰でも周知の事実だろう。「友釣り」という方法がある。「おとり」のアユを泳がせておいて、やってくるのを釣り上げるのだ。あれはあえてなわばりの「侵入者」を仕立てあげて、それを攻撃する「所有者」の習性を巧みに利用したアユ釣りの手法である。

しかし、アユがなわばりを形成するのは、川の瀬、つまり浅い領域だけに限られることはあまり知られていないかもしれない。もちろんアユは瀬以外の場所にも生息する。では、瀬でない場所、つまり淵と呼ばれる深い場所ではどうしているかというと、群れで生活しているのである。

もちろんアユの個体ごとに、生まれながらにして、なわばりを形成するものと、群れて生息するものが決定されているわけではない。遺伝的要因は無関係である。それでも状況に応じて、ある時はなわばりを作って生活し、ある時は群れで暮らすようになる。アユ全体では、一般によく知られているような、なわばりを作るものより、むしろ群れて生活する方が多数派であると考えられる。

両場面で、アユの行動は劇的に異なる。なわばりを作った際には、あらゆる他の個体に猛烈な攻撃性を発揮する。他方、群れでいる際には、そのような気配すら感じさせない。どのアユにも、凶暴さと穏和さが相あわさってひそんでいる。

しかもこれはアユにとどまらず、高等脊椎動物全般にあてはまることだと考えられる。野生ではなわばりを形成することなど、およそ想像できないニホンザルもまた、例外ではない。

ためしに、群れ内では順位が低くいつも周囲から攻撃を受けてばかりいる、いわゆる「いじめられっ子」のようなサルを一匹連れてきて、個室のオリでしばらく飼育してみるとしよう。そののち、体格も堂々とした高順位の個体をそのオリのなかへ入れてやる。すると以前は攻撃されてばかりだった、前からオリに飼われていた低順位のサルの方が、がぜん張り切って新しくきた個体を追っかけ回す。

過去の経験を問わず、特定のホームグラウンドにいることが認識されるや、どんな個体も心の安定が保たれ、逆にアウェイの新参者は一種の不安状態に陥る。すると関係が逆転してしまうのである。このように見てくると、人間がひきこもってみるというのも、しごく適応的な行動であることがわかっていただけるのではないだろうか。

**ひきこもる人は古今東西を問わず存在した！**

「ひきこもり」というのは、極めて歴史の浅い表現である。おそらく第二次世界大戦後の日本が高度成長を終えるあたりから、いわゆる「ひきこもり」が社会現象として注目を浴び、この表現が使われだしたものと推測される。

けれども、だからといってひきこもる人というのは、昨今の日本において初めて確認されたと考えると大きな誤解をしてしまうことになる。むしろ、ひきこもる人というのは古今東西を問わず存在したととらえる方が妥当だろう。そもそも社会性のある動物は、群れて生きるか、なわばりで暮らすのか、「両性具有」の状態にあるのだから。

もしも、高度成長期以前の日本にひきこもる人が見当たらないと感じるのなら、それはひきこもりという視点から過去を見ようとしなかっただけのことだ。

たとえば、前章でも少しふれた南方熊楠然りである。

彼は明治維新の前年の慶応三年に和歌山県で生まれ、地元の中学を卒業ののち上京。東京大学予備門すなわち後の第一高等学校に入学する。周囲には、正岡子規がいた。もちろん大学受験をめざしての上京であったけれども、途中で学業を放棄し退学する。

退学ののち、あてもなく海外を放浪、やがてロンドンに落ち着き勉学に励むものの、ある時通い続けていた大英博物館で他の入館者と大ゲンカをしてしまい、入館禁止処分を受ける。この時期、熊楠は学究の成果を定期的に『ネイチャー』などに英語で論文として公刊していたので、これは彼にとって死活問題ともいえる痛恨のできごとだった。コピー万能の現代と違い、勉強などは何しろ過去のテキストの筆写からスタートした時代のことである。

やがて帰国。そののち故郷に近い紀伊田辺にひきこもって、彼の名を高名にしたキノコ・粘菌の研究に着手する。限られた友人・知人と熊野の山々を歩き回る日々は、彼が死を迎えるまで続くことになるのだが。現存する写真を見ると野人のような風体で、しかも結局、生計のため収入を得ることはついになかったのだった。

現代風に書けば熊楠は、不登校→自分さがし→ひきこもりニートの遍歴の人物のようなのである。またロンドンから帰国したのち、彼が田辺に「ひきこもった」と先に書いたのは、決してこじつけではない。それまでは研究成果を論文にして英語で発表していた熊楠が、田辺でのキノコ・粘菌についてはほとんど、それまでのような形での発表をしなくなったことが彼の心情の変化を何よりも雄弁に物語っている。

大英博物館での一連のトラブルには、熊楠が東洋人であることへの人種差別が深く関係していることがよく知られている。この経験から受けた心の傷が彼をして、自ら得た知見を周囲に発信することのむなしさを教えたのではないかと私には思われる。

それゆえひきこもることを決意した彼は、ただひたすら自分の知的関心を満足させるためにのみ、研究に邁進したのだろう。しかも、ひきこもってからの未発表のままにした成果によって、彼の名は死後も残ることになったのだ。

## ひきこもったアメリカ人

ひきこもる人というのは、日本に限定される話題と一般に思われがちかもしれないが、実際はそうではない。二〇一五年現在で論文などで報告されている国名をあげると、韓国、台湾、香港、シンガポール、イタリア、フランス、スペイン、オマーン、カナダ、アメリカ、メキシコに及ぶ。

ほかにイギリスにはNEET（ニート）と総称される人も存在する。この人々は、いわゆる日本のひきこもりニートの人とは異なり、「教育も受けず、職にも、職業訓練にも就かない人(Not in Education, Employment or Training)」を社会問題の観点から、すべてひっくるめたレッテルである。それゆえ、内実は多様であるものの、日本でのひきこもる人も相当数含まれるのではないかといわれている。

ちなみに香港では、ひきこもる若者に相当するものとして、hidden youthという表現が用いられるようにまでなっている。津波を英語で表記するにあたって、tsunamiとするように、ひきこもりも hikikomori と書く研究者もいるけれど、私個人はこれから国際的には若年層に関する限りは、hidden youth がスタンダードになるのではないかと感じている。

また海外でも、ひきこもる人というのは必ずしも近年になってはじめて出現したわけではなく、これまではそれと気づかずにいただけのことであるように思われる。さしあたり、アメリカ生まれで初のチェスの公式世界チャンピオンになったことで、「アメリカの英雄」としてもてはやされたボビー・フィッシャー（ロバート・フィッシャー）など、その典型にあたるのではないだろうか。

一九四三年、シカゴでホームレス同然の女性の第二子として生まれたボビーは、幼少時から非常に落ち着きのない子どもだったという。この多動傾向は、終生変わることはなかった。

そんな弟に手をやいた姉が、彼が六歳のときに一ドルのチェスのセットを買い与えたところ、またたく間にインターナショナルマスターとなり、翌年にはグランドマスターにのぼりつめた。これは今も破られていない世界最年少記録である。

ところがこののち、タイトル戦の運営などをめぐりチェス連盟をはじめとして、周囲とさまざまなトラブルを起こすようになる。そして主張が聞き届けられないとわかると引退し、一、二年でまた復帰するということを、再三にわたりくり返した。だが当時、世界のチェス界を制圧していたのは旧ソビエトのプレーヤーであったのに対し、一九七〇年代前半に果敢に挑戦し、圧倒的な勝利をおさめ、アメリカの国民的なヒーローにまつりあげられる。

東西冷戦のさなかの一九七二年にアイスランドのレイキャビクで行われた世界選手権の際には、当時の大統領補佐官であったヘンリー・キッシンジャーが数回にわたり国際電話で激励するほどの入れ込みようであったというエピソードが残っている。

このゲームでフィッシャーは、無敵といわれたソビエトのボリス・スパスキーに完勝する。アイスランドから帰国したフィッシャーは、キッシンジャーの電話からホワイトハウスへ招待されることを強く期待していた節があった。けれども大統領に招かれることはなく、そののちあらゆる公式の場から、ぷつりと姿を消すのである。

以来およそ二〇年にわたり、彼はカリフォルニア州のロサンジェルス郊外の南パサデナにある新興宗教団体の施設で、ほとんど誰とも会話らしい会話をすることもない日々を送ったのだった。ひとりチェスの盤面に向かうことに一日の大半を費やすばかりであった。

一九九二年になって、ハンガリーの一八歳の女性プレーヤーの「なぜチェスをしないのか」という手紙がきっかけになって、ようやく彼は「ひきこもり」からの復帰のてがかりを得る。旧ユーゴスラビアでスパスキーとのリターンマッチを行う企画が浮上し、彼は勝利した場合、三〇〇万ドルの賞金を獲得することを条件にそれを承諾したのである。

ただその頃、アメリカ政府はボスニア問題に関連してユーゴスラビアに経済制裁を科しており、今度はフィッシャーに参加をしないようにという勧告を行う。彼は記者会見の席上で、勧告の公文書に唾を吐いてみせ、以後は、二〇〇八年にアイスランドで死を迎えるまで、ほんのひと握りの人々とだけ交流しながら、日本を含めいくつかの国を転々とする生活を送ったのだった。

チェスのファンに対してさえ、心を許すことは皆無であったという。ごく一部の理解者以外には突飛と映る行動や、過激な発言が目立ったといわれている。9・11の世界貿易センタービルへのテロ事件に際して、アメリカのマスコミのインタビューに応じ、母国を激しく冒瀆したとして、アメリカ国籍のパスポートの失効処分を受けたのが、その象徴的エピソードといえるかもしれない。

## ひきこもる人に特例的な心理

フィッシャーがチェスで用いた戦法は、大駒を捨てて、大胆に相手のキングを狙いにいくもので、当時はまったく常識破りとされた。将棋と同じくチェスも、要は相手の大将さえ打ち取れば、盤面全体の優劣はどうでもよい。フィッシャーは、この局地戦に長けていた。まさに「森」の光景にこだわらず、「木」を見る人だった。

彼はまた、自分にとって明確に「味方」とわかる人を、周囲に置いておきたいと願った人であったようだ。しかも味方かそうでないかの判断は、往々にしてひとりよがりに陥る。味方だと思っていたのにそうでないとさとると、周囲との交流を遮断する。

ふつうたいていの場合は、経験を重ねるうちに学んでいくものだが、こういうことがくり返されると、ひきこもりに移行してしまうことが起こる。だから、ひきこもる側からすれば、止むに止まれずそうするので、当事者も周囲に、あえてひきこもっているわけではないことを理解させる必要があるだろう。

本人がいちばん辛い思いでいるように感じられる。それどころか、ひきこもりつつも周囲との交流を渇望しているような心理状態に置かれているような印象すら、私は受けることが珍しくない。それを暗示するような知見を、最近の心理実験の結果から得たのだった。

その実験とは、さほど複雑なものではない。まず、さまざまなヘビの写った写真を、合計二〇枚用意する。次に、さまざまな植物の花が咲いている写真も、同じく二〇枚用意する。写真は、白黒でもカラーでもかまわない。

実験では、被験者にそれら四〇枚をランダムに一枚ずつ随時、コンピュータのモニター上に呈示していく。ただし、いずれにせよ収集した状態で使われることはない。

デジタル処理をほどこし、写真全体の色を単色で赤か青か緑のいずれかのモノトーンの色調に加工した写真を準備する（図４－１）。

その上で、一試行ごとに、一枚をモニター上にマップして、それが赤、青、緑のどの色であるかを答えてもらう。

被験者の手もとには、三つのボタンを用意しておく。三つのそれぞれは、三つの色のいずれかに対応している。被験者は写真が赤のときにはAのボタン、青のときにはBのボタン、緑のときにはCのボタンというように、押すことを求められる具合になっている。

その上で、写真が呈示されてから回答がなされるまでに要した時間（ふつう反応時間と呼ばれる）を、ひきこもっている二〇歳の人と通常の二〇歳の大学生とで計測してみたのだった。ひきこもっている人とは、中学生の間に不登校を起こし、そののちいわゆるニート状態が少なくとも五年続いている二〇名である。

決して複雑な課題ではないことが、おわかりいただけるだろう。だがそれにもかかわらず結果を二つのグループで比べてみると、非常に明瞭な差が生じていることが明らかになったのだ

（A）

（B）

図4-1　色の違いを区別する実験に用いられた例。ひきこもる人とそうでない人に、赤か青か緑のいずれかのモノトーンの色調に加工されたヘビ（A）と花（B）の写真それぞれ20枚をランダムに呈示し、どの色に見えるかを答えてもらった。

った（142ページ図4－2）。いろいろ微細なことは省略するが、写真がヘビであれ花であれ、また色が何であれ、要するにひきこもる人は回答に時間を要するのである。ここからどういうことが読み取れるだろう。

**顕著な感情の起伏**

それには当然、反応時間が短い長いという差が、何を反映しているのかを考えなくてはならない。

実験では、被験者は、モニター上の写真という一つのイメージを目のあたりにしている。むろん、個々のイメージは、複数の視覚的要素に分解してとらえることが可能だ。濃淡、形状、輝度、……。数え上げればキリがなくなる。そして色調もその一つに含まれる。

被験者が求められているのは、イメージを構成する多くの要素のなかから、たった一つ、色調というものに注目し、実際にどういう色調かをボタンで押して答えるという作業なのだ。

それを迅速に行うには、モニター上に写真が現れるや他の要素に注意を奪われることなく、すみやかに色調の判断をすることが肝要なのは言うまでもない。これは言い換えるならば、回答に要した反応時間の値が、この情報処理がどれだけすみやかになされたかの指標となっていることを意味している。そして、ひきこもる人はどんな写真の場合も、長い時間をついやしている。なぜか？

写真に写っている対象物、つまりヘビあるいは花にふつうの学生より強く注意をひきつけら

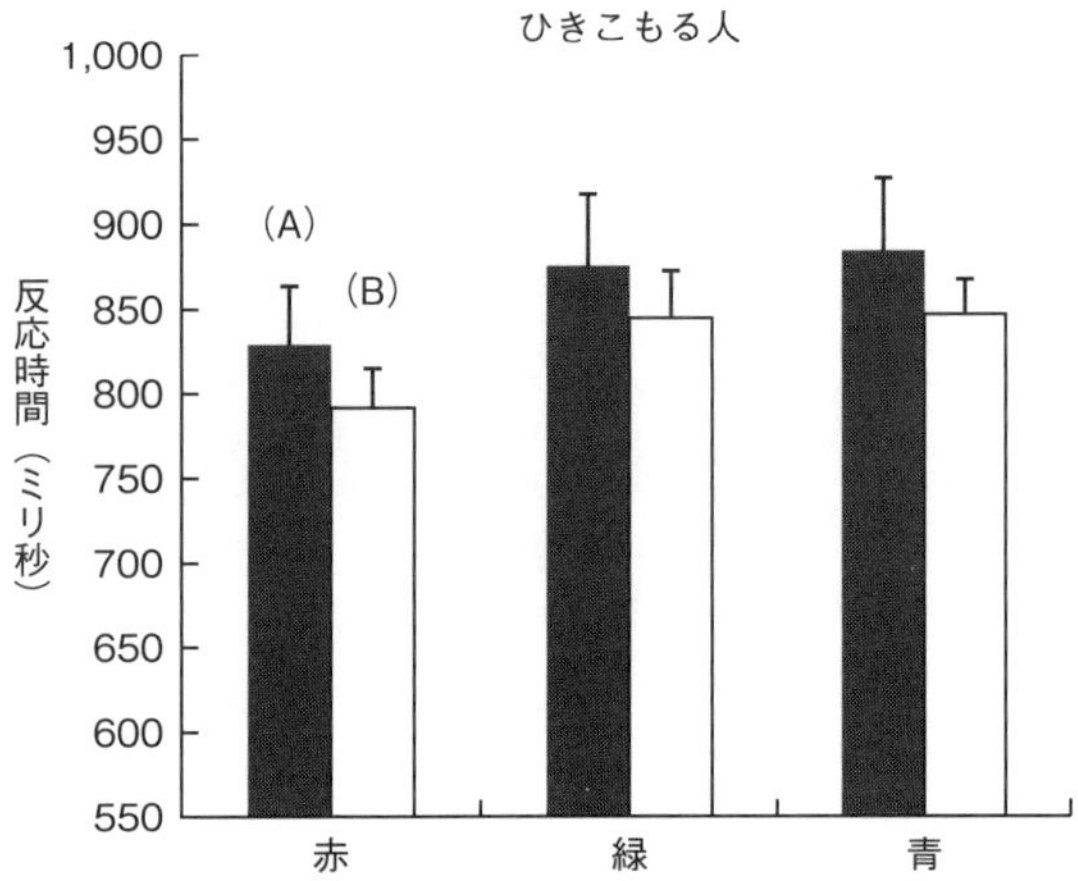


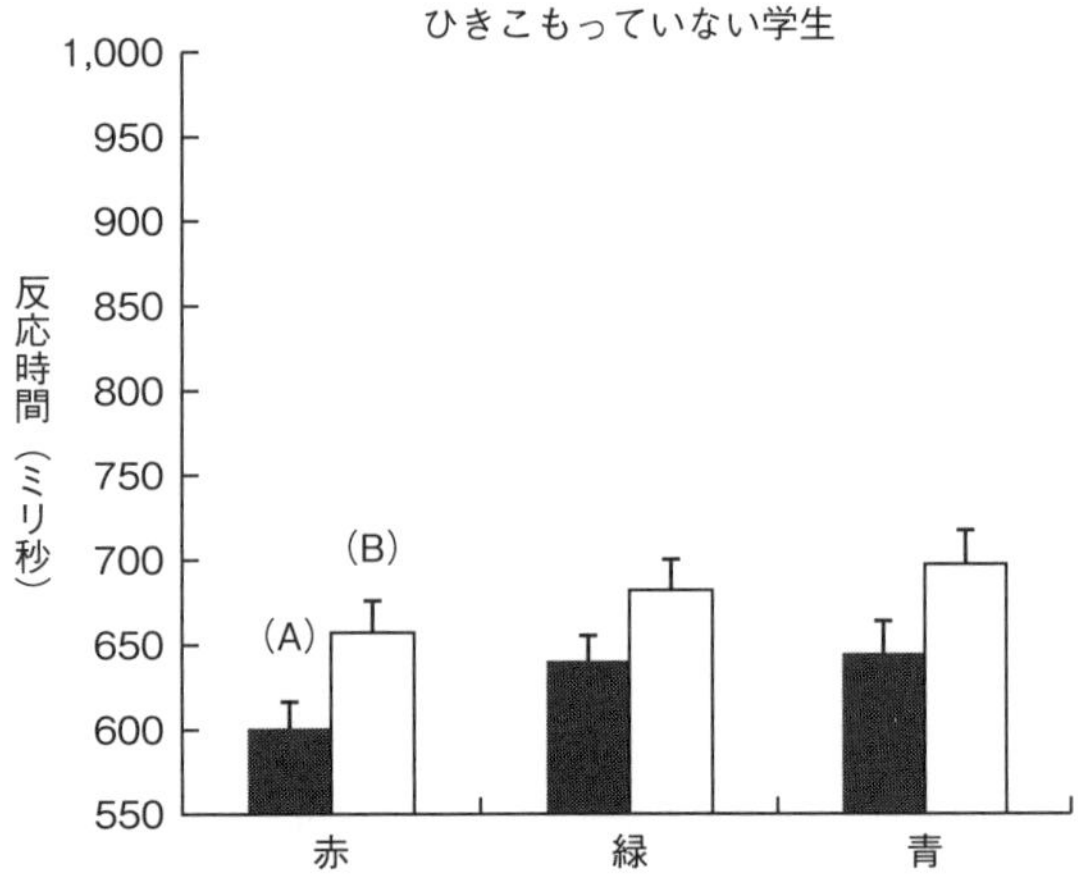


**図4-2**　色調の回答に要した時間の結果。ひきこもる人は、そうでない人に比べ、色調の違いを区別するのに時間がかかることから、感情への働きかけに何らかの問題を抱えていることが考えられる。

れるからであるとしか、考えられないのである。ヘビは人間にとって、自然界の脅威だ。ヘビを嫌う人や、気味悪いと感ずる人は世界中どこでも珍しくない。イメージを呈示されると思わずドキッとする。

かたや花は、まったく反対である。そもそも花がどうして今日ある姿になったかというと、鳥や虫を引き寄せ受粉を促すためであることに疑問の余地はまったくない。自然の美なのだ。だから、ヘビのイメージとはまったく正反対の意味で、人間の注意を強くひきつけたとしても、おかしなことではない。

つまり花のイメージはポジティブに私たちをひきつけ、ヘビはネガティブにひきつける対象物なのだ。そして今回の実験で被験者が課題を遂行するためにこなさなければならないのは、二種類のイメージに関心を奪われつつも、できるだけそこから注意を色調へと転じ、呈示された刺激のそれと対応するボタンに触れるという、一連の作業だということになる。

ところがこの実験を行ってみると、ひきこもる人の方が、成績が明らかに劣ることがわかったのだ。つまり、ひきこもりでない学生よりも、目の前のイメージにとらわれてしまいがちなのだ。

それは、ヘビであっても花であっても基本的に変わらない。つまり、自分に脅威となる対象物を見出した際でも、あるいは美しい対象物を目にした場合でも、ひきこもらない人よりも強くそれに注意を奪われてしまうらしい。

奪われる源となっているのは、当事者のイメージによって喚起された感情にほかならない。つまり、ヘビを見てドキッとした思いや、花をキレイと感ずる心の動きである。与えられた課題である色調の判断をするには、できるだけすみやかにこの喚起された感情を抑制（コントロール）して、「冷静」にことにあたらねばならないと考えられる。ところが、ひきこもる人はこれがうまくできないようなのだ。

つまりネガティブなものであれ、ポジティブなものであれ、感情の水準が少しでも変化して増加すると、鎮めるのに時間を要することがうかがえる。平静の状態に戻るのに、時間がかかる。

**ひきこもりつつも息づく社会性**

感情というのは人と人とを結びつける、絆の根幹をなす心の動きといえるだろう。かつて、あの時、同じ花を見て美しいと語り合った二人の心と心がもう通うことはない、といったフォークソングが大ヒットしたことがあったように、共通の思いが他人に親近感を抱く原動力となる。

もしもひきこもる人が、本当に周囲と交流することを拒絶しているのであれば、今回の実験の結果は逆になってもおかしくないはずなのだ。つまり、ひきこもらない人以上に迅速に色調の判断を行える可能性だって、十分に想定される。現に、精神科医が「反社会性人格障害」と診断を下すような人は、このような一連の課題を行うにあたって、感情的変化にまったく妨げられないという報告が、なされている。

マンガの『ゴルゴ13』を想像すれば、おおよそ察しがつくのではないだろうか。情に流されることなく、あくまで冷静に与えられた任務を粛々とこなす人物。ニヒリスト（虚無主義者）と呼ばれるようなヒーローは、日本では『大菩薩峠』の机龍之助をはじめ眠狂四郎……、と連綿と引き継がれては人気を博してきた歴史がある。

けれども、ひきこもる人というのは彼らとは一線を画す。いやそれどころか、感情の動きという点では、対極にあると書いても、さしさわりがないようなのである。自分の気持ちが通じる味方を求めていることがうかがえる。時に垣間見せる激しい感情の吐露は、それに相手がついて来てくれるかどうかの、リトマス試験紙のようなものなのかもしれない。

ただ周囲にはそれが、奇異あるいは奇矯としか映らないことが多いとすれば、非常に不幸な

ことである。このギャップがひょっとすると、ひきこもる人とひきこもらない人を隔ててい
る、最大の障壁になっているかもしれないのだから。

第5章

# コミュ障の人とひきこもりの人のこれから

## 日本社会の特異性

## ひきこもりからの脱出への願望

ひきこもる人と話をする機会を得て意外に感じることは、誰もが社会現象としてあつかわれるひきこもりについてのトピックスに、たいへん通暁しているという事実である。総じて知的水準が高いのに加え、自分がひきこもりであると認識しているばかりか、それが社会でさまざまに言及されるのを、知識として持ち合わせているのである。

だから前章に書いたような実験に協力してもらうと、あとで時間をかけてその目的の説明を求められる。もちろん十分に納得のいく説明を行うのは研究者の義務であるけれども、「自分のようなひきこもりは『生きる力』が弱いとか言われている。これはそういう力を計測するものなのか」などと頻繁に尋ねられると、こちらが切なくなる。私の方は問いを受ける側なので、問い返すことはないものの、「『生きる力』が弱いようだとか耳にして、辛いですか」と思わずことばが口を衝きそうになることが珍しくない。

すでに書いたように、ひきこもるというのは必ずしも不適応と言い切れない。生活スタイルの一つの選択肢なのである。だから周囲との交流がなくとも、「○○博士」と呼ばれるように、特定のテーマに熱中して日常を送れるようなら、それはそれで敬意を払われる生き方に違いない。ただし、現在の状況を顧みると、たいへん荒っぽいが、やはり、ひきこもる人でない方が望ましいという当事者の願望をひしひしと感ずることが多いのだ。あるいは、好ましくないという社会からのレッテルを免れないところに追い込まれていると書いていいのかもしれない。

その上で、では何から始めればひきこもりから抜け出せるのかを考えたとき、もしも感情の起伏が度を越して激しいならば、それは周囲との摩擦のもとになるだろうと考え、気持ちをより安定させることができないかと、次のような実験を予備的に行っている。

前章で紹介したヘビと花の写真を呈示し、色を答えてもらう課題を引き続き行う。ただし今回は一回の実験で、各被験者に同一の課題を二度行う。三〇分の休息の間に、ＢＧＭとして四種類の音楽を流してみて、その違いによって二度目の課題の成績に差が出るかどうか、検討する。そして、成績に影響をおよぼしそうな音楽として、仏教で儀式を行う際に用いられるもの（いわゆる声明《しょうみょう》と呼ばれるもの）に着目したのだった。

声明に着目したのは、ひきこもる人のなかには時が経つにつれて、いわゆる精神世界とかスピリチュアル系のことに関心が向く場合が少なくないように感じたからである。自らの感情の起伏が激しくなっているか否かの自覚はともかく、心の落ち着きを求めているのではないかと

| | 声明1 | 声明2 | モーツァルトのソナタ | リラクゼーションミュージック |
|---|---|---|---|---|
| 聞く前 | 866 | 865 | 866 | 869 |
| 聞いた後 | 849 | 844 | 868 | 865 |

**表5-1　2タイプの声明とモーツァルトのソナタおよびリラクゼーションミュージックを聞かせる前と後での色調を回答するのに要する時間比較。声明の時のみ聞いた後で回答時間が短くなっている（単位はミリ秒）。**

思ったからだ。

果たして、実験してみると、声明を流すと色調を回答するのに要する時間は、わずかではあるものの短縮されることが明らかになった（表5－1）。対照としてモーツァルトのピアノソナタとマッサージを専門にしている店に流れているようなリラクゼーションミュージックを用いたけれども、こちらはまったく効果がない事実と比べると、統計的に有意な差が生じている。実際に被験者に話を聞いてみても、気持ちが落ち着いて心地よいというような感想が返ってくることが多い。時として、カルトに「はまる」若者が出現するのは、これが行き過ぎたケースと、とらえることができるのかもしれない。

もちろん行き過ぎには、注意が求められる。とくに瞑想とか儀式にこだわるつもりもない。だが、どういう手段であってもかまわないので、自律的に心の動きをわずかでもコントロールする術を習得することが、ひきこもる人が穏やかに生活するために求められていると推測されるのである。

## なわばりの分散化

そうはいっても、何ヵ月もあるいは年単位でひきこもると、心の調子が比較的よい状態とそうでない状態の波がやってくるのは、避けられない現実である。そしてそれを、常にすべて周囲がかぶるとなると、ひきこもる人との軋轢が増すことはあっても、減ずることはないだろう。

それゆえ事態をよい方向へ向けるには、当事者の調子が悪くない段階で何とかしてなわばりの分散化をさせようと努めることではないかと考えられる。つまり、ひきこもれるスペースあるいはひきこもる人にとっての安全基地を、複数設定するように工夫するのだ。

具体的には、近年とくに珍しいものではなくなってしまったフリー・スペースと呼ばれる居場所作りの試みも、同様の発想にもとづいてのものといえるだろう。気が許せて、自分の関心を共有できる人だけがいる。自分がそのなわばりの所有者として振る舞って何ら差しさわりのない基地が複数存在すると、当事者も周囲も気持ちが楽になる。

このように、複数のなわばりの所有者としておさまるというのは、動物界広しといえども人間ならではのなせる業といえるだろう。近代技術による移動手段があってはじめて可能となるのだから。また移動にあたっては、いかにひきこもる人であっても未知の第三者と近接し、時として止むを得ずことばを交わす機会を持つに違いない。

長期間にわたり、一ヵ所のなわばりに生活すると、井伏鱒二の小説『山椒魚』の主人公ではないが、外へ出ることそのものが怖くなってしまう。あまりに当たり前のことだが、徐々に平静に生活できる居場所の数を増やしていくことから、作業はスタートする。

ひきこもる人から、コミュ障の人への移行をめざすのである。ただし、周囲があせることは、何より禁物だろう。当事者が口を開くなら、批判せず話に耳を傾けることが求められる。もしも複数のひきこもるスペースが設定できたなら、それぞれの場所で当事者が話す内容を周囲が共有することで、ひきこもる人の思いへの認識を深めることにつながっていく。折を見て、複数の人間が関わる活動(作業)の分担を依頼してみるのもよいだろう。

## ミーティングの重要性

くり返しになるが、ひきこもる人の場合、当事者と周囲がとくに状況の変化を求めないならば、それをあえて否定する根拠はない。ひとつの適応のあり方ととらえて、一向に差しつかえない。ボビー・フィッシャーの南パサデナでの生活が一例だろう。ただ、なかなかそうとも言えないのが今日の日本であるならば、コミュ障の人と受け止められるところまで生活を改めた方が好ましいと考えるのが、もっとも現実に即しているように思えるのだ。

それでは、コミュ障の人はどうなのか。

とくに人間性の資質に劣る点があるわけではなく、もしもそうとらえるならば、たいへんな誤解であることは、すでにふれた。それゆえ何ら媚びることも恥じることもなく生きられれば、それに越したことはない。ただ今日の日本が、コミュニケーションに極端に依存した生活スタイルに偏向しているので、周囲との軋轢が半ば不可避な現状であることも、事実には違いないのだ。むろん、軋轢が生じないようにできるならば、それにも越したことはないだろう。

そのためには、コミュ障の可能性が高いとおぼしき人とコミュニケーションをとるにあたっては、周囲がそれなりの心配りに努めることが不可欠となる。これは成人であろうと未成年であろうとあてはまることだが、何がしかのやり取りのあと、「こう決めたはずだ」「いや、そんなことは決めてない」という、合意の内容のくい違いがトラブルの種となることが、非常に頻繁に起きる。

コミュ障の人に、しぐさや表情に頼ってこちらの意思を伝えようとするのは、誤解を生むもとである。明晰にことばで、意図を表現することが肝要となる。ただし、ことばで話をしたといってもメッセージが意図通りに伝わるとは限らないことを、念頭に置くことが必要だろう。「……してくださいね」といったとしても、「絶対にしなくてはならない」と受け取るか、「……するべく努めるものの、できなかったらそれはそれで仕方ない」と解釈するかは、人それぞれだからだ。コミュ障の人ならば、できるだけ楽天的に解釈するかもしれない。すると、「あれだけいったのに、わかってなかった」ということになる。

約束ごとのような内容を交わすにあたって、一対一の安易な立ち話のような会話は、慎んだ方が賢明かもしれない。できれば三人以上が集まった場で、ていねいにやり取りし、合意したことは最後に念を押すことを心がける。集団生活の下では労と時間をおしまず、ミーティングの機会は積極的に設けるのが好ましい。ミーティングであるなら開くごとに、そこで話題となったことを記録にとどめ、機会があれば確認できるようにしておく。

## 書くことの経験を

また、コミュ障の人自身が意思疎通の齟齬《そご》をなくそうとするなら、当人が「書く」技術を高めるのが、遠回りのようでもっとも効果的な方法であるだろう。身振りやしぐさや話しことばで伝える術を磨くよりは、努力次第ではるかに進歩が見込めると考えられる。

要は、作文の技術である。自分の伝えたい内容を、それが相手に伝わるように作文する。それができたならば、作った文を声にして話せばよいのである。今、この原稿を書いていると、つけっ放しにしているテレビから、NHK会長についてのニュースが流れてきた（二〇一五年三月現在）。この人物の言行は、何かとマスコミに取り上げられることが多いが、今回は前回に引き続き民主党議員とのやり取りである。前回は別れ際に激しい口論となり、会長は「くだらん」とことばを吐き捨てて立ち去ったらしい。それを改めてただされた会長が、書面を読み上げて謝罪していた。

これに対して、「謝罪くらい、書面を読まずにできないか」という意味のツッコミをされると会長は、「紙を見ないと私はすぐはみ出すんで、紙を見させてください」と答えるシーンが流されていた。けだし名言である。

おそらく、この会長の数々の発言のなかでもっとも秀逸なものだろうと私は思う。そう、コミュ障の人は当意即妙でやり取りしようとすると、ついつい「はみ出す」のだ。だから心のなかで紙に書いて、それを読む術を培えばいいのである。

サッカーのプレーヤーのトレーニングの一環として、試合後の反省会で「あの場面で、なぜ私はあのプレーを選択したかを、ことばで説明する」ということをするという話を、以前に聞いたことがある。具体的に、どうしてチームメートのAではなくBにパスしたか、ということを論理的に説明することが求められる。「ひらめいたから」や「とっさの判断で」というのは、絶対に許されない。一瞬の判断でも、ことばで表現できる、明晰判明で論理的な説得力がないといけない。

これはサッカーのプレーだけでなく、人間と人間の日常のやり取り全般にわたって、とくに日本人に欠けているものを補う効果的な手法のように、私には思える。「あうん」の呼吸のようなパターンに大幅に依存していては、コミュ障の人をめぐるトラブルは、はてしなく続くだろう。大方の日本人は、物心ついて教育らしきものを受けて以来、ついに体系立って話をするという訓練を受けることなく、社会へ送り込まれるのだから。

そもそも日本語という教科すらほとんど存在しないのである。「国語」という。国語には、美しい日本語というニュアンスが込められていて、「日本語を話し、聞けるようになるのは自明なこと。問題はいかに『美しい日本語』の使用者になるかだ」という発想が根底にある。それゆえ、文部科学省の学習指導要領には、ひとつひとつの文字の書き順の取り決めがあっても、どういう語彙を学ばねばならないかは野放しという、おかしな事態が起きている。

詳しいことは省くが、言語習得の観点からは書き順の教育など、百害あって一利ない。文字学習を妨げるだけのものかもしれない。ではそれを何故あえて教えるのかというと、「美しい文字」を書くためなのだ。その一方で、誰でも本人の意図が的確に伝わる文章の書き方、ひいては話し方の指導はまったくなおざりにされてきたのだった。

## 日本語教育の必要性

コミュ障の人と周囲とが無用の摩擦を回避するのに、もっとも効果的なのは、当事者のことばを用いた表現力を向上させることであり、それには、できるだけ発達初期から、コミュ力を養う経験をふむことが重要である。にもかかわらず、日本の教育には伝統的にそうした視点が欠落しているのである。

おそらく誰でも手軽にできるのは、誰にでも意味が一意的かつ明瞭に把握できる「良い」文章にくり返し接して、それを自分のものとしてしまうことであろう。それには、模範となる文の筆写を反復して行うのが理想と思われる。事実、過去の日本の教育では、寺子屋以来、お手本となるテキストを書き写すということが、学習活動の一環として重んじられてきた。漱石などの時代までは、中国の漢語による文献までも、まず書くことで覚えるのが通常の活動だった。

一見、単調なことのように見えても、文字を一字一字写しとることによって、表現は身体に浸透する形で刻み込まれる。ただし、今日、それを現代の子どもに同じように求めても、それは求める方が無理というものだろう。

そこで私たちは、コミュ障の子どもを含めて、ことばの力を高める教材の需要に対応して、キーボードを用い、コンピュータのモニター上に呈示された、見本となる「良い」文章をワープロ形式で入力していく形での「筆写教材」を開発している。見本に使われているのは何のことはない、小学校一〜三年の国語の教科書の内容にほかならない。

もっと初歩の子どもには、まず単語一語ずつからキーボード入力してもらう。単語入力では、たとえば「リンゴ」という場合、文字と同時にリンゴの写真が呈示され、音も出る。それを、ひらがな入力で再生することからスタートする。

単語の学習には困難がない場合には、たとえば「きょうは、てんきがよいので、そとであそびました」というような文を見本にして、それをなぞってもらうのである。文と同時に朗読音も流れる。もしも実際に鉛筆やペンで筆写するとなると、これはたいへん疲れるしまた面白くない作業かもしれないけれど、コンピュータを用いると現代の子どもは何の抵抗も感じないし、むしろゲーム感覚で喜んで取り組む。そして熟達にしたがって文章は複雑な意味を表すようになり、気がつくと作文の能力ばかりか、話しことばの表現力も格段に向上することが判明したのだった。ちなみに、この教材はｉＰａｄで使用が可能な『コトバロメーター』という名称のアプリとして、二〇一四年より一般に入手可能になっている。『コトバロメーター』でYouTubeを検索すると、使用場面の動画も見ることができるようになっている。

自分で作成した教材の宣伝のようになってしまったけれど、ＰＲが目的で書いたわけではない。二一世紀に入って一〇年をはるかに過ぎた今も、日本では第一言語として流通していることばを効果的に学習する工夫が、ほとんどなされてきていないということが問題なのである。文字を書く練習としては、正方形のマスが一行に一〇個並んだところを、「あ、あ、あ、……」という具合に埋めていくという、辛くて手が疲れる作業が行われている。

その一方で、グローバル化した社会で、人々がふつうに生活を営む上では、コミュニケーションが不可欠だという。コミュ力を培う術を考案することを怠る反面、社会のコミュニケーション依存への傾向を容認するのならば、コミュ障の人やひきこもる人の問題が激化することはあっても沈静化しないのは、火を見るよりも明らかだ。コミュ力の乏しい人というのは、昔も今も変わらず存在するのだから、社会環境の変化を止むを得ずとするのならば、初等言語教育の見直しにもっと真剣に取り組む必要がある。かたや今までの国語教育でよしとするのならば、コミュ力が乏しいままでも、単に避難所的なものでなく、ひとりひとりがそのすぐれた資質を開花できる機会が保証できる場が確保できるように取り組む必要があるだろう。

## 予断と先入観を捨てて人間を見る重要性

だがやはり、何よりも求められるのは、予断や先入観にとらわれることなく、コミュ障の人とひきこもる人を見る眼を養うことだろう。それは周囲に対して求められているばかりではなく、コミュ障である人とひきこもる人自身にとっても、必要なことなのであり、それこそ私が本書を出版する意図にほかならない。

このように原稿を書いているうちにも、東京都下のスーパーで、ポテトスナック菓子の容器のふたにつまようじを突きさして、その動画をネット上にアップした一〇代の少年が警察に逮捕されたというニュースが、流れてきた。まさに私の定義によるコミュ障の人の、典型的な行動パターンだ。

伝わるところによると、その少年がスーパーで同様の犯罪を行うのはこれがはじめてではない、という。まず最初は、店内の商品を万引きし、そのシーンを自分で撮影して、アップしたのだという。けれども、その動画へのアクセス数は本人が期待したほどの値にはならなかったらしい。そこで次に、菓子パンを店の並べてある棚から取り出して、封を開け、再び棚に戻して、そのシーンをアップしてみた。だがやはり、アクセス数はパッとしなかった。

そこで三度目の正直と、つまようじを突きさすという挙に出たのだという。まさに社会的注目を集めたい（アクセス数を増やしたい）ばかりに、行動をエスカレートさせていったのだった。ニュース番組でくり返し報道されていたから、多くの人が聞きおよんだことと思う。

そのテレビに出演しているコメンテーターはいう。このようなことをして、店の人がどれだけ迷惑するかわからないのか、他人をおもんぱかる気持ちをまったく欠いた行動であると。これは従来のコミュ障の人への理解を踏襲した批判といえるだろう。

だが実のところ、今回のような行動でスーパー側がどれだけ困るかを少年は、テレビに登場してくるコメンテーターなんかよりも、よほど熟知しているのではないだろうか。そもそも店で働いている人の大多数が、若いバイトなのだ。

わかった上でやっていると考える方が、実態に近いことが多いだろう。されると困ると理解して、やっている。その誘因は、注目されたいという欲求なのだ。

むしろ真に問題なのは、注目されるのならば「味噌でもくそでもかまわない」という点である。つまり、この少年に代表される人物には、ひんしゅくをかうという社会的反響と、賞賛を受けるという反響との質的に決定的な差異についての感受性が低下している、というのが本当の出発点であった。

いくら反響が大きく返ってきたところで、それがひんしゅくなら、反響のない方がずっとよいでしょうということが、わかりづらいのである。そこへ、ネット上では受け手が発信した情報を、果たして肯定的にとらえているのか、否定的にとらえているのかが、判別しづらいという要素が加味されてくる。あげくのはてに、大々的に注目を浴びるためなら、それで店の人が困ったって多少はかまわないという差し引き勘定をしてしまっている。

## 「模倣犯」の意味するもの

しかも今回のような事件が起きると必ず、模倣犯がかなりの数、出現することも見逃すわけにはいかないだろう。

やはり、同じタイプの人物が行うのだと推測される。

「ポテトスナックにつまようじをさして注目されるのなら、自分もやってやれ」という発想のもとに、行為におよぶに違いない。最初に事におよんだ人物のことを、うらやましいと感じているのには、疑問の余地がないのではないか。だが考えてみよう。

うらやんで、「いいな」と感ずるということは、共感しているのではないのか。しかも、うらやんでいるのは巷間、他人の気持ちがわからないとか、共感能力に欠けるといわれてきたコミュ障の人ではないのか。明らかに矛盾している。

人間の気持ちには、喜怒哀楽がある。もしも気持ちがわからないのならば、感情の全側面にわたって認識がおよばなくてもおかしくないし、そうすると他のコミュ障の人が何をしようと全然おかまいなしなのが、コミュ障の人の基本的なあり方になって然るべきだろうが、じつはコミュ障の人は他のコミュ障の人とならば気持ちを十分に通じ合えるし、共感もできることが推察されるのである。

社会のなかで多数をしめるコミュ障でない人が、コミュ障の人を、他人の気持ちがわからないと評するのは、両者に感性に関して相当な隔たりがあるからで、コミュ障の人からすれば、コミュ障でない人はやはり、他人の気持ちがわからないことになりかねない。それにもかかわらず、一方的な決めつけをするのは、多数派のおごりといわれても仕方ないだろう。

だからコミュ障の人同士が偶然に居合わすと、とてつもなく意気投合するということが往々にして起こる。周囲に意思疎通の難しい人がひとりでいても、互いに気持ちの通じ合う人物は、探せば必ず見つかるものと考え方を変えることも必要だろう。

むろんそれは、ひきこもる人にもあてはまる。コミュ障の人とひきこもる人とが、どれほど重複するかは第4章で書いたように、今のところ不明である。ただ、周囲とのやり取りに通常にはない困難を経験しているという点で、ひきこもる人も広義のコミュ障の人ととらえても、さほど的はずれではないだろう。

「社会的にひきこもること」を英語で、social withdrawal と訳すと、ずいぶんと意味が違ってくるというのは、すでによく知られた事実である。外界に対しての恐怖におびえながら暮らすとか、あるいは『ゴルゴ13』のような反社会的な人格の持ち主として、一切社会的なできごとに無関心でいられる人を指す表現となってしまう。

他方、少なくとも日本でのひきこもる人は、第4章で紹介した実験から明らかなように、通常以上にあふれかえる感情を持ちつつ、日々を送っているのである。

コミュ障の人の場合と同じく、その現実を周囲もそして当人も冷静に受容したうえで、周囲とどう折り合いをつけるかを考えることが求められている。

本の終わりは結局、冒頭の部分に舞い戻るような形になってしまったけれど、そこからしか話は始まらないと感じ、あえてこれを書いて締めくくりとする次第である。本書の問題提起が、何かに役立てばと願いつつ。

# あとがき

最近、すごくフラストレーションを感じていることがある。この本でも紹介したような、ひきこもる人を対象にした研究の成果を、学術論文にまとめて投稿しても、編集する側がほとんど相手にしてくれないのである。

例のSTAP細胞のできごとで、一般にも周知されるようになったように、研究者が論文を投稿するとまず、編集責任者（エディター）がその価値を斟酌する。それで審査に値すると判断されると、査読者（レフェリー）と呼ばれる同業者に回されるのが通常である。

ところが、ひきこもる人の研究論文ではエディターが即、突っ返してくるのだ。「これは何なのか。まったく意義がわかりかねる」というのがおおむねの反応である。「いや、世界にはこうして周囲との社会的交渉を閉ざして生活している人が、多数いるんだ」と説明しても、「そりゃいるかもしれない。けれどそれがどうしたというのか」と切り返される。

それで、ひきこもる人をめぐる社会現象について、自分がとんでもない誤解をしていたことにようやく思いいたったのだった。

日本では、ひきこもりという表現を知らない大人など、珍しいだろう。しかも、この風潮は海外にも報道され、ある場合には tsunami のように hikikomori と表記されて、知名度があがっているものだと思いこんでしまっていた。

しかし実際にあたってみると、その分野の専門家すら圧倒的大多数は、そんな日本の状況についての知識は皆無に近いらしい。ニートという表現も英語には存在する。その意味合いには、ひきこもりと重複するものがあるし、そもそもイギリスで作られた単語である。だが英語圏では、ほとんど流布していない。

ＢＢＣが、日本のひきこもる人についての特集番組を組んだことがある。反響が大きかったと、日本には伝わっている。ネット上にもアップされているので、それを見てほしいとエディターにＵＲＬまで伝えても、「さて実情は把握したつもりだけれど、それでどうだというのだ。ひとりで生活したいのなら、かまわない。やっていけるのなら問題ないのではないか」というふうににべもない。

おおざっぱにまとめると、ひきこもる人の生活は好んで選択したスタイルの一つにすぎない。病理ではないだろう。だから、基礎的実証科学の研究者がことさら取り組むほどのテーマではない、ということらしいのだ。ソーシャルワークの領域で発表をすすめられる始末である。また事実、もしもひきこもる人について何がしかの知識を持つ専門家を探すとすると、社会福祉問題に限られる。

愚痴ばかりいくら書いてもキリがないものの、あえて記すのは、こういうやりとりをはてしなく続けるなかで、相手をしてくれている向こうからすればこちらは、訳のわからないことを一方的に書いてくる、一種のコミュ障の研究者と思われているのだろうと感じた、ということを書きたかったからにほかならない。

予想もしない時と状況下で、人は周囲とのコミュニケーションの断絶を感じさせられるものなのだなと、実感している。広義のコミュ障の人を指して、他人の気持ちがわからないとか共感に欠けるというコミュ障でない人だって、自分で思っているほど他人の気持ちがわかっていたり、共感能を持ち合わせているわけではない。持ち合わせていると信じ込んでいるだけのようにすら思う、今日このごろである。

本書の出版にあたっては、ブルーバックス出版部の小澤久さんにたいへんお世話になったことを記しておく。たまたま昨年出た荒俣宏さんの著書を読んでいたら、還暦をすぎてはたと気がついたら、以前に一緒に仕事をしていた編集者がみんな退職してしまって、本を出す機会が少なくなったというようなことを書いていらしたが、同じく還暦に達した私も、同じ境遇に立ちいたっていることにはたと思いいたった。そのなかで小澤さんは、まだ現役の、稀有な方である。私の悪筆の原稿を起こしてくださった労に厚く感謝したい。

二〇一五年春　　　　　　　　　　　　　著者

## さくいん

N.D.C.361　170p　18cm

ブルーバックス　B-1923

# コミュ障《しょう》　動物性《どうぶつせい》を失《うしな》った人類《じんるい》
## 正しく理解し能力を引き出す

2015年6月20日　第1刷発行

著者　正高信男《まさたかのぶお》
発行者　鈴木　哲
発行所　株式会社講談社
〒112-8001 東京都文京区音羽2-12-21
電話　出版　03-5395-3524
販売　03-5395-4415
業務　03-5395-3615
印刷所　（本文印刷）豊国印刷株式会社
（カバー表紙印刷）信毎書籍印刷株式会社
製本所　株式会社国宝社

定価はカバーに表示してあります。


ISBN978-4-06-257923-0

発刊のことば

# 科学をあなたのポケットに

二十世紀最大の特色は、それが科学時代であるということです。科学は日に日に進歩を続け、止まるところを知りません。ひと昔前の夢物語もどんどん現実化しており、今やわれわれの生活のすべてが、科学によってゆり動かされているといっても過言ではないでしょう。

そのような背景を考えれば、学者や学生はもちろん、産業人も、セールスマンも、ジャーナリストも、家庭の主婦も、みんなが科学を知らなければ、時代の流れに逆らうことになるでしょう。

ブルーバックス発刊の意義と必然性はそこにあります。このシリーズは、読む人に科学的に物を考える習慣と、科学的に物を見る目を養っていただくことを最大の目標にしています。そのためには、単に原理や法則の解説に終始するのではなくて、政治や経済など、社会科学や人文科学にも関連させて、広い視野から問題を追究していきます。科学はむずかしいという先入観を改める表現と構成、それも類書にないブルーバックスの特色であると信じます。

一九六三年九月

野間省一

# ブルーバックス　医学・薬学・人間・心理関係書（I）

569 毒物雑学事典　大木幸介
921 自分がわかる心理テスト　芦原　睦／桂　戴作＝監修
1021 人はなぜ笑うのか　志水　彰／角辻　豊／中村　真
1063 自分がわかる心理テストPART2　芦原　睦＝監修
1083 格闘技「奥義」の科学　吉福康郎
1117 リハビリテーション　上田　敏
1176 考える血管　児玉龍彦／浜窪隆雄
1184 脳内不安物質　貝谷久宣
1223 姿勢のふしぎ　成瀬悟策
1229 超常現象をなぜ信じるのか　菊池　聡
1230 自己治癒力を高める　川村則行
1231 「食べもの情報」ウソ・ホント　髙橋久仁子
1240 ワインの科学　清水健一
1251 心は量子で語れるか　ロジャー・ペンローズ／A・シモニー／N・カートライト／S・ホーキング　中村和幸＝訳
1258 男が知りたい女のからだ　河野美香
1306 心はどのように遺伝するか　安藤寿康
1315 記憶力を強くする　池谷裕二
1323 マンガ　心理学入門　N・C・ベンソン　清水佳苗／大前泰彦＝訳
1335 リラクセーション　成瀬悟策
1351 マンガ　脳科学入門　A・ゲラトゥリ＝文　O・サラーティ＝絵　小林　司＝訳

1391 ミトコンドリア・ミステリー　林　純一
1418 「食べもの神話」の落とし穴　髙橋久仁子
1427 筋肉はふしぎ　杉　晴夫
1431 新・脳の探検（上）　フロイド・E・ブルーム他　中村克樹／久保田競＝監訳
1432 新・脳の探検（下）　フロイド・E・ブルーム他　中村克樹／久保田競＝監訳
1435 アミノ酸の科学　櫻庭雅文
1439 味のなんでも小事典　日本味と匂学会＝編
1472 DNA（上）　ジェームス・D・ワトソン／アンドリュー・ベリー　青木　薫＝訳
1473 DNA（下）　ジェームス・D・ワトソン／アンドリュー・ベリー　青木　薫＝訳
1500 脳から見たリハビリ治療　久保田競／宮井一郎＝編著
1514 記憶と情動の脳科学　ジェームズ・L・マッガウ　大石高生／久保田競＝監訳
1523 生体電気信号とはなにか　杉　晴夫
1528 新・細胞を読む　山科正平
1531 皮膚感覚の不思議　山口　創
1538 進化しすぎた脳　池谷裕二
1541 新しい薬をどう創るか　京都大学大学院薬学研究科＝編
1551 現代免疫物語　岸本忠三／中嶋　彰
1570 脳研究の最前線（上）　理化学研究所脳科学総合研究センター＝編
1571 脳研究の最前線（下）　理化学研究所脳科学総合研究センター＝編
1582 DVD&図解　見てわかるDNAのしくみ　JT生命誌研究館　工藤光子／中村桂子
1585 アレルギーはなぜ起こるか　斎藤博久

# ブルーバックス　医学・薬学・人間・心理関係書（Ⅱ）

## ブルーバックス　医学・薬学・人間・心理関係書（Ⅲ）

1839 血液型で分かるなりやすい病気・なりにくい病気　永田 宏
1842 記憶のしくみ（上）　ラリー・R・スクワイア／エリック・R・カンデル　小西史朗／桐野 豊＝監修
1843 記憶のしくみ（下）　ラリー・R・スクワイア／エリック・R・カンデル　小西史朗／桐野 豊＝監修
1853 図解 内臓の進化　岩堀修明
1854 カラー図解 EURO版 バイオテクノロジーの教科書（上）　ラインハート・レンネバーグ　小林達彦＝監修　田中暉夫／奥原正國＝訳
1855 カラー図解 EURO版 バイオテクノロジーの教科書（下）　ラインハート・レンネバーグ　小林達彦＝監修　西山広子／奥原正國＝訳
1859 放射能と人体　落合栄一郎
1874 もの忘れの脳科学　苧阪満里子
1877 山に登る前に読む本　能勢 博
1884 驚異の小器官 耳の科学　杉浦彩子
1889 社会脳からみた認知症　伊古田俊夫
1892 「進撃の巨人」と解剖学　布施英利
1896 新しい免疫入門　審良静男／黒崎知博

# ブルーバックス　化学関係書



## ブルーバックス12cmCD-ROM付